项目式学习是教育部2022年颁布的《义务教育课程方案》和多个学科课程标准推荐的学习方式之一，旨在推进综合育人和实践育人，进行育人方式变革。李成广老师在常规课堂常态化实施项目式学习，探索让项目式学习走向常态的有效策略，以此为支点推进课堂教学的转型，面向人人涵育创新素养，开辟创新人才早期培养的新渠道，具有前瞻性、创新性、引领性和可借鉴性。

——褚宏启

北京师范大学教授、中国教育发展战略学会副会长

北京市教育科学“十四五”规划 2024 年度延续课题“初中阶段基于项目式学习整合科学类课程培育创新素养的路径与循证教学研究”（编号：CFDA24067）

拓展创新人才培养的新路径

在课堂上开展项目式学习

李成广　著

山东大学出版社
SHANDONG UNIVERSITY PRESS
·济南·

图书在版编目（CIP）数据

拓展创新人才培养的新路径：在课堂上开展项目式学习 / 李成广著 . -- 济南：山东大学出版社，2025. 2. -- ISBN 978-7-5607-8618-6

Ⅰ . G649.2

中国国家版本馆 CIP 数据核字第 2025ZM7257 号

责任编辑　孙艳凤
文案编辑　孙婷婷　蒋瑞瑛
封面设计　王莉莉　蓝海文化

拓展创新人才培养的新路径：在课堂上开展项目式学习
TUOZHAN CHUANGXIN RENCAI PEIYANG DE XINLUJING:
ZAI KETANG SHANG KAIZHAN XIANGMUSHI XUEXI

出版发行　山东大学出版社
社　　址　山东省济南市山大南路 20 号
邮政编码　250100
发行热线　（0531）88363008
经　　销　新华书店
印　　刷　山东蓝海文化科技有限公司
规　　格　720 毫米 × 1000 毫米　1/16
　　　　　12.25 印张　220 千字
版　　次　2025 年 2 月第 1 版
印　　次　2025 年 2 月第 1 次印刷
定　　价　52.00 元

序

项目式学习是全球达成共识的有效培育核心素养的教与学的方式，它主张学生通过小组合作解决真实世界中复杂的、具有挑战性的问题，或完成源自现实经验且需要深度思考、持续探索的任务。在项目式学习的过程中，教师通过精心设计项目作品、规划和实施项目任务，使学生的核心素养获得显著提升。2022 年 4 月，教育部颁布《义务教育课程方案和课程标准（2022 年版）》，对于落实立德树人根本任务、培育学生核心素养提出更明确的要求，为教育实践变革提供了强有力的指导，全国各地掀起了一场项目式学习实践的热潮。不论是当前，还是未来相当长的一段时期内，项目式学习都会是一种应用价值极高的教与学的方式。

作为先行先试者，李成广老师始终秉承着“研究先行”“课例支撑”“循证教学”的基本原则，这本书的内容正是建立在他长期扎实的研究与实践的基础之上的。李老师曾先后主持市级课题“启发—发现—创新生物课堂教学模式”“初中生物学科大概念指导下学习单元重构和项目式实施的研究”“初中阶段基于项目式学习整合科学类课程培育创新素养的路径与循证教学研究”等，还曾参与多项关于项目式学习、STEM（科学、技术、工程、数学）教育等方面的国家级课题或项目，丰富的课题研究经验，为本书的撰写积累了素材。

2014 年，李成广老师率先在综合实践活动中开展项目式学习的探索与实践，让学生在研究性学习、课题研究等过程中体验学习乐趣、拓展知识、提升综合素质。随后，李老师将在综合实践活动中实施项目式学习积累的经验迁移至跨学科主题学习，基于项目式学习整合语文、艺术、化学等学科，在课堂上开展跨学科实践，为项目式学习走向常态积累经验。2021 年，李成广老师被聘为北京师范大学中国教育创新研究院项目学习区域整体推进项目生物学科指导专家，指导北京海淀、丰台，山西晋中等地常态化实施生物项目式学习。同期，李老师还作为组长带领团队录制北京市海淀区生物学科空中课堂，其“任务单＋项目式”研究成果得到认可并在北京全市范围内推广。李老师的实践证明，项目式学习既可以提分，又可以育人，充分说明了项目式学习的价值与魅力。

本书旨在探究“在课堂上开展项目式学习”，这是李老师多年来躬耕课堂、持续探索的实践智慧的结晶。例如，李老师已构建包括学科项目课程、跨学科项目课程、综合实践项目课程、拓展提升项目课程和高端项目课程在内的项目课程体系。在推进项目式学习的过程中，李老师始终坚持“以学习驱动课程，以课程驱动教学”的驱动机制，以“项目式学习 +”赋能“科学教育 +”，构建科学教育新样态，重塑创新人才培养新动能、新优势，形成了项目式学习“工具盒子”（BOX），积累了许多典型案例，为一线教师在课堂上开展项目式学习提供了工具、框架。

本书颇有洞见地将项目式学习视为“创新人才培养的新路径”，书中不仅梳理总结了李成广老师十余年来在项目式学习课程体系建构及项目式学习设计、实施与评价等方面的成果，还对基础教育阶段“面向人人培育创新素养”进行了理论探索，丰富了创新教育理论体系，是一本理论与实践相结合、指导性和实操性都很强的书籍。

读完本书后，相信读者们能够得到启迪，在落实创新人才培养、育人方式转型等方面，进一步更新观念、大胆改革，探索出一条在课堂上落实核心素养的教育教学创新之路，努力培养出更多具有创新素养的未来公民！

魏　锐
北京师范大学教授、博士生导师
北京师范大学中国教育创新研究院副院长
2025 年 1 月 3 日

前　言

一
作为“舶来品”的项目式学习的概述

> 小贴士：
>
> 项目
>
> 为创造独特的产品、服务或成果而进行的临时性（指有明确的起点和终点）工作，旨在产出成果的有目的、有意义、有计划的生成性活动，如做一个课题（事）、照顾一位老人（事）、完成一项工程（物）、做一把椅子（物）。可以说项目就像空气和水一样，在我们的生活中无处不在。①

Project-Based Learning（简称“PBL”），目前在国内被翻译成不同的名字，如项目式学习、项目学习、项目化学习、基于项目的学习等。由于教育部颁发的《义务教育课程方案（2022年版）》（以下简称《课程方案》）和《义务教育课程标准（2022年版）》（以下简称《课程标准》）均称之为项目式学习，所以本书统一将其叫作项目式学习。

项目式学习有着悠久的历史和复杂的来源，最早可以追溯到16世纪，以建筑师、画家和雕塑家为代表，有志于进入建筑等行业的学生要接受“设计的挑战”，形成项目作品。这就是今天项目式学习的原型。

“项目”这个词并非源于19世纪末美国兴起的工业性进步教育运动，而是来自16世纪后期意大利的建筑工程教育运动。项目式学习的发展经历

① ［美］项目管理协会：《项目管理知识体系指南》（第六版），电子工业出版社2019年版，第4~5页。

了五个阶段[①]（图 1）。

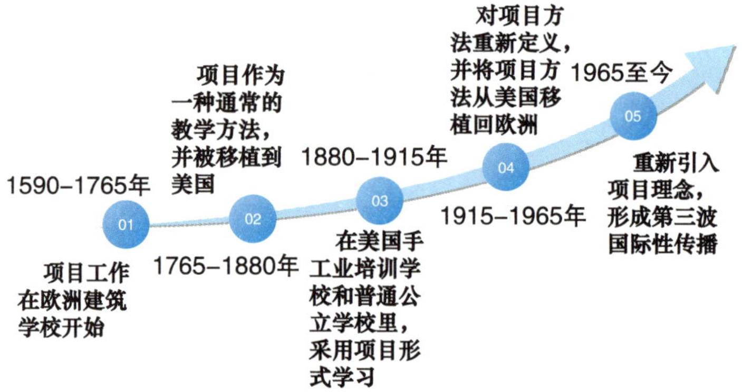

图 1　项目式学习的起源与发展[②]

近代的项目式学习源于约翰·杜威（John Dewey）等教育家提出的体验式学习、做中学等理念，融入了约翰·杜威的弟子克伯屈的设计教学法，整合了医学教育中基于问题的学习，强调在真实问题中运用科学思维和方法，是以学生为主体的持续性科学探究。“做项目”在美国教育中已经是一个传统了，很多教师认同具有挑战性的项目对学生成长的价值，并组织学生进行实地考察、实验室研究、跨学科活动等，丰富并拓展学生的课堂内容。

项目式学习是一种系统的教学方法，它是对复杂、真实问题的探究过程，也是精心设计项目作品、规划和实施项目任务的过程，在此过程中，学生能够掌握所需的知识和技能。[③]项目式学习需要教师花更多的时间设计，但在实施过程中，学生是问题的解决者和项目作品的制作者，是学习的主人，而教师则会被解放出来，有更多的时间和学生一起做项目，其角色为教练、建设性的引导者、顾问等。项目式教学是通过实施一个完整的项目而进行的教学活动。在教师指导和督促下，学生通过对复杂、真实问题的探究，设计项

---

① ［美］罗伯特·M.卡普拉罗等：《基于项目的 STEM 学习》，王雪华等译，上海科技教育出版社 2016 年版，第 13~23 页。

② ［美］罗伯特·M.卡普拉罗等：《基于项目的 STEM 学习》，王雪华等译，上海科技教育出版社 2016 年版，第 13~23 页。

③ ［美］巴克教育研究所：《项目学习教师指南——21 世纪的中学教学法》，任伟译，教育科学出版社 2008 年版，第 4 页。

目作品，规划任务并实施，掌握知识和技能。①

项目式学习植根于“做项目”“做中学”“在做事中学习”，遵循“做一件事”“做一件真事”“做一件完整的真事”的价值追求，不仅能让学生掌握核心知识、构建概念和培养关键能力，还能引导学生形成必备品格、内化态度责任、升华自身的价值判断。因此，项目式学习不仅可以使人求知，还可以教人如何做事、做人。

作为一种普通的教育方法，项目式学习的课堂教学理念是从农业和工业中借鉴而来的，起初在小学课堂中使用，后来延伸到所有年级的课堂教学中。但正式把这种教与学的方法称为项目式学习是源于两个重大发展：第一个发展是学习理论的革命，基于问题的学习在医学领域得到了应用，它也对项目式学习的发展起到了引领和铺垫作用；第二个发展是由整个世界的变化引起的，项目式学习解决的是“现实世界”中的问题，其结果明确而且可测量，顺应变化的世界，被欧美国家广泛应用在教育领域中，被用于学生感兴趣的活动中。实践表明，在幼儿园进行项目式学习也是可行的。②

进入 21 世纪，在素养培育的浪潮中，项目式学习作为当前全球教育创新的一个热点话题，被认为是最具有核心素养融合发展效力的学习方式。与克伯屈时代相比，当前主流的项目式学习更强调设计思维和对核心知识的理解，通过实践理解概念，形成专家思维，引发跨情境的迁移。③

2019 年，党中央、国务院发布《关于深化教育教学改革 全面提高义务教育质量的意见》，其中提到了优化教学方式，包括开展研究型、项目化、合作式学习。2020 年，教育部发布《普通高中课程方案》及各科课程标准（2017 年版 2020 年修订），主张将项目式学习融入高中阶段，尝试在传统教育中注入新鲜血液，通过育人方式变革来培育具备核心素养的未来人才。这两份文件说明在义务教育和高中阶段实施项目式学习是国家倡导的教学方式。从

① Markham T., Larmer J., and Ravitz J., *Project Based Learning Handbook: A Guide to Standards- focused Project Based Learning, 2nd Ed.*, California: Buck Institute for Education, 2003.

② 参见夏雪梅：《项目化学习设计：学习素养视角下的国际与本土实践》，教育科学出版社 2021 年版，第 20 页。

③ 参见夏雪梅：《项目化学习设计：学习素养视角下的国际与本土实践》，教育科学出版社 2021 年版，第 6 页。

全世界范围来看，项目式学习适用于从幼儿园到大学所有学段，且几乎适用于所有的学科。

《课程方案》和《课程标准》提出，积极开展主题化、项目式学习等综合性教学活动，促进学生举一反三、融会贯通，加强知识间的内在关联，促进知识结构化。《课程方案》和多个学科的《课程标准》强调以主题、项目、任务等结构化的方式来组织课程内容。由此可见，项目式学习不仅可以作为一种课程组织形式，一个项目就是一个课程单元，而且还是非常重要的综合性教学方式，可以基于项目式学习进行跨学科主题学习，如图 2 所示。

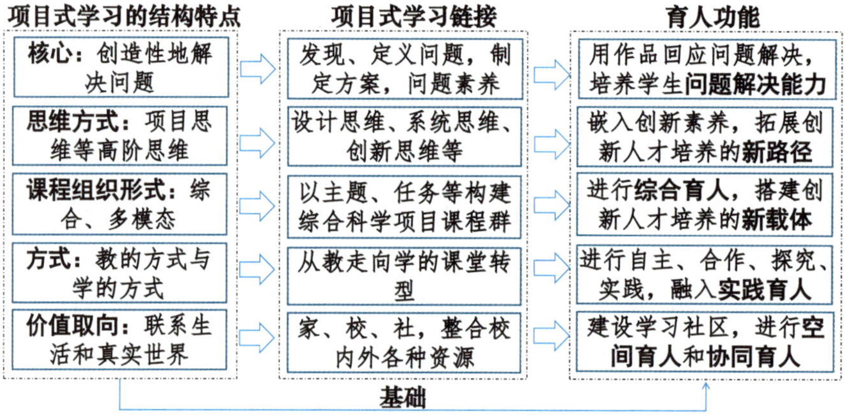

图 2　项目式学习育人系统全景图

二
基于项目式学习培养创新人才的路径创新

本书基于项目式学习培养创新人才的探索、总结与反思，共提出了三大教育主张。

主张一：项目式学习在培养创新人才方面有着显著的优势。创新素养是核心素养的核心，是科学素养的集中表现，培养创新人才要瞄准其背后可视、可教、可学、可测、可评的创新素养。我们将创新素养与项目式学习相互嵌套，深度融合在项目式学习的“设计—实施—评价”中，回应“科技强国，教育何为”的时代命题。

主张二：秉持“人人都具有创新、创造能力，且与生俱来，但人与人之间存在差异”的理念，构建“一核—三层—三类”的项目课程体系，以项目课程为载体，面向人人，实施“沃土计划”，在常规课堂浸润式培育创新素养，即涵育创新素养，从创新人才的“掐尖”转向“普育”。同时又因材施教，面向具有创新潜质的学生实施“脱颖计划”，拓展创新人才培养新路径，撬动“干细胞式”创新人才基础培养。

主张三：让项目式学习走向常态，不管是在课内实施，还是在课外实施，项目式学习的逻辑主线和基本规律都是一致的，即以问题解决为主线，一以贯之。课堂是涵育创新素养的主阵地，课外是让项目式学习走向常态的另一翼（图3），因此我们研发了“一体—两翼—三驱动”模型，本土化重塑了“三段—九环”实施模式。

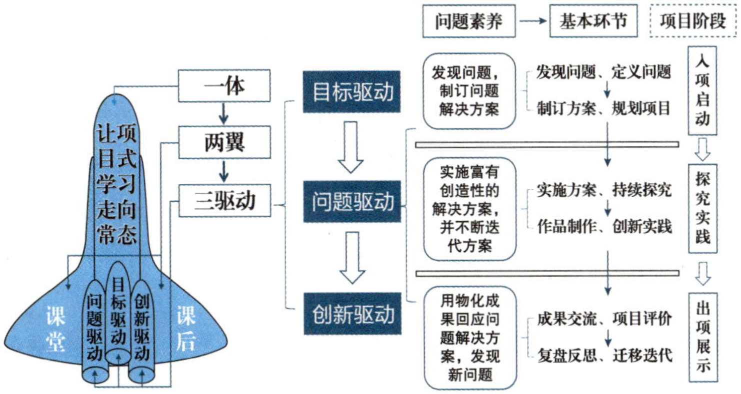

图3　常态化实施项目式学习的“一体—两翼—三驱动”模型

基于国际学界对创新人才培养的认识，项目式学习培养创新人才的价值与意义如下。

1. 理论创新：指向培育创新素养的循证教学，丰富创新人才培养理论

针对培育创新素养目前缺乏系统研究和实证研究的现状，本书直面问题，将培育创新素养贯穿于项目式学习育人全链条，梳理创新素养的内涵，构建项目课程体系，探索培育学生创新素养的路径、方法、内容和载体，系统构建科学教育范式。在实施中，研发各种创新素养测评工具，推进基于实证结

果进行决策和实践的循证教学，实现教育教学评价从感知走向证据的范式，促进循证教学在创新教育领域的发展，以此解决基础教育创新素养薄弱及培养不足等难题，为培育创新素养提供证据支持和更多的实证案例，对现有的创新教育理论进行更新，为创新教育理论校本化积累经验。为了给创新人才早期培养提供整体解决方案，需要从理论和实践两个层面寻求诸多突破。在这个过程中，要将教育经验理论化，不断丰富创新人才培养理论。

2. 实践突破：构建培育创新素养的综合项目课程，形成创新人才培养的新模式

基于项目式学习构建的项目课程有效链接国家课程、地方课程和校本课程，以丰富、多样、可选择的课程为载体，满足不同性格禀赋、不同发展方向的学生的需求，为应对未来挑战提供可选择的路径，实现学生全面而有个性的发展。北京师范大学的裴娣娜教授称赞“李成广本土化实践项目式学习的 11 年坚守”为“教学范式的变革”（第六届明远教育奖颁奖盛典上裴娣娜教授代表组委会进行总结时的评价）。本课程经历了 11 年的迭代与创新，让项目式学习走向常态已进行了 5 轮、4 个周期的实验，探索了科学教育实施的有效途径和创新人才培养的新模式。

3. 迁移价值：以项目式学习为路径，拓展创新人才培养的新赛道

以项目式学习为抓手开展“学习蓝图教学实验”，传承逆向设计理念，以项目式学习走向常态为支点撬动课堂转型，培育创新素养，开辟创新人才培养新赛道，在从“教”走向“学”的道路上不断迈进。从成果固化的角度看，目前已形成了一套项目式学习的模板、模式、模型、流程和精品案例（可平移的项目式学习精品案例60余项）等资源，充实了项目式学习的“工具盒子”，让项目式学习更容易上手实操。这些资源具有普适性，可以推广、复制、应用、迁移至其他学段、其他学科，为提出培育创新素养提供了新范例。大量的本土项目式学习精品案例，为提出本土的项目式学习质量标准提供了可能性，也提出了必要性要求。下一步，笔者及笔者所在的教学团队将以项目式

学习的质量标准为突破口，以此作为支持实践改进的技术支架，为教师迭代项目实践提供实质性的工具。

三
基于项目式学习培育创新素养的持续探索

以项目式学习为路径，整合各学科知识，有效培育学生创新素养，让学生更好地适应未来社会，可以从以下三个方面持续开展深度研究：

1. 以项目式学习为路径，在中小幼各学段、全学科培育创新素养

遵循创新人才成长规律，秉持“面向人人，因材施教”的理念，坚持“只要教师有意识地注入创新教育的内涵，将创新素养嵌入课堂教学，任何课程都能成为培育创新素养的有效载体”的教学主张，先从科学类学科开展探索与实践，积累有效且可推广的经验，再迁移到人文、社会、艺术、体育等学科，为全学科培育创新素养提供参考和借鉴，有利于未来系统研究创新素养发展路径（图 4），整体规划项目课程，与小学、高中协同攻坚，从幼小衔接、初高衔接入手，一体化培养创新人才，深入探索贯通式教育。

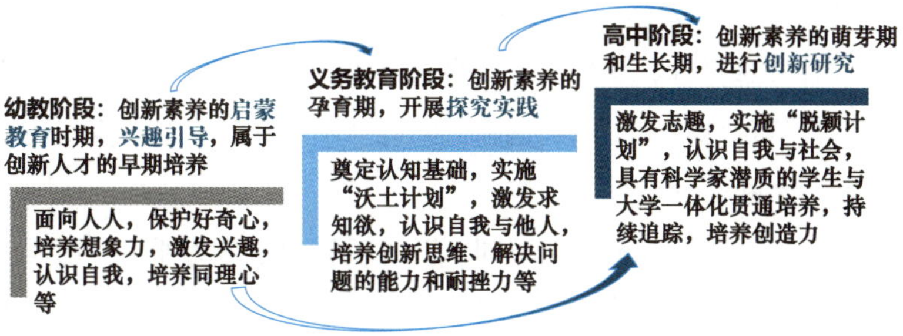

图 4　各学段创新素养及其培育进阶图

2. AI 赋能项目式学习：擘画新蓝图，探索未至之境

AI 在设计学习体验、开发课程资源、以评促学等方面优势明显，将 AI 嵌入基于项目式学习重塑的教育生态中（图 5），可以更好地支持教师“因

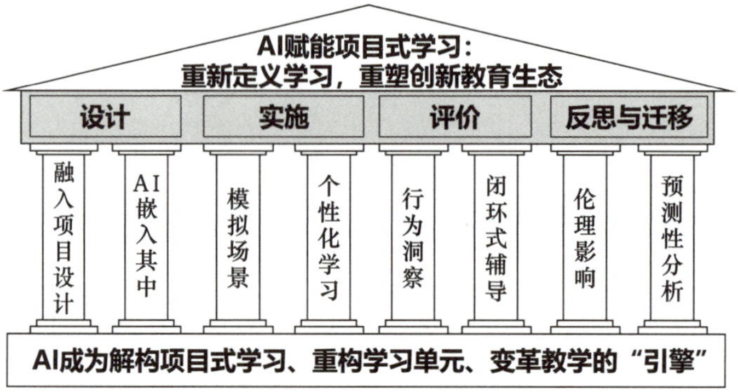

图5　AI支持项目式学习的“四梁八柱”模型

材施教”。这是未来教育的趋势与方向，也是本项目组努力的目标。

3. 评价创新素养是重点，也是关键难点，道阻且艰

对创新素养的评价是循证教学的关键环节。目前，我们的实践还存在很多的困难和挑战。我们将持续学习，不断探索，运用实证的研究思路，包括收集与分析数据、研发评价工具和指标体系、处理访谈和问卷数据、验证性分析等，借助信息技术赋能创新素养评价，整合相应的评价方式。一方面，通过重点监测课程实施状况和学生创新素养发展状况，为课程的设计与实施提供参考依据；另一方面，通过评价学校或学科的教育生态，如课程的丰富性、多样性和选择性，学生学习的自主性等，让“激发优于选拔，唤醒优于甄别”的评价理念落地，以期创新人才能够不断涌现。这些探索还需要在今后的实践中不断完善。

“发现天生不同，成就与众不同。”以项目式学习为抓手，探索科学教育的样态与机制，常态化培育创新素养，形成创新人才早期培养的新模式，在统一与选择中求解育人之道。培育创新素养是一个长期且缓慢的变革过程，要想破解创新素养的培育难题，需要面向人人，用课程来早期发现创新人才，通过因材施教来支持创新人才的成长，再通过以项目式学习走向常态为支点撬动育人方式系统变革来改善培养创新人才的教育生态，让创新人才慢慢成长。这是我们的责任，也是我们的担当。为此，我们将不懈努力。

目　录

第一章
项目式学习撬动创新人才培养

一个木桶能装多少水，不是取决于最长的木板，而是取决于最短的那块（图 1–1）。将最短的那块木板补长，这是一个典型的补短板思维。

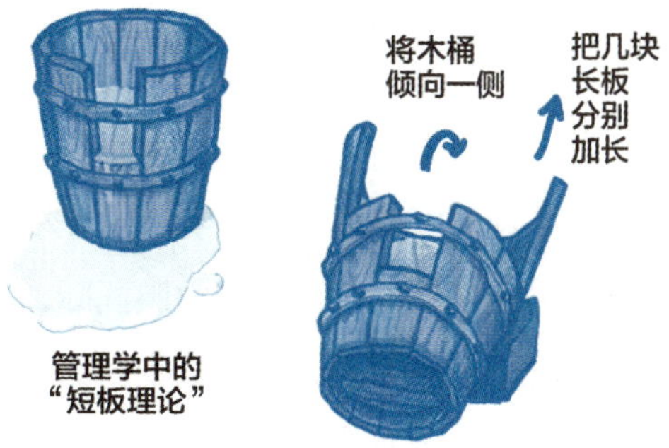

图 1–1 “木桶原理”图

可是随着时代的发展，我们没有必要精通所有的事情，如果不断磨炼自己的长处，那么一样能够取得成功。由此引申出“长板理论”，即“反木桶理论”。

每个人都在某一方面有天赋，但不等于在所有方面都有天赋。每个人必须接受自己在很多方面的弱项，就像一个足球名将不太可能也是一位数学家、物理学家一样。这就要求家庭和学校改变传统的教育模式，改变常说的“短板理论”，鼓励学生扬长避短。

鉴于此，培养创新人才，要在因材施教原则的指导下，进行课程、教学、考试、评价于一体的整体性变革，即通过育人方式系统变革来培养创新人才。

创新人才是 21 世纪社会发展的强大基础，培养创新人才是我国的一项重点战略。党的二十大报告要求加快建设教育强国、科技强国、人才强国，指出要“加快建设高质量教育体系”，“着力造就拔尖创新人才”。2023 年 5 月，教育部等十八部门联合印发的《关于加强新时代中小学科学教育工作的意见》指出，在教育“双减”中做好科学教育加法，培养创新人才。2025 年 1 月，中共中央、国务院印发的《教育强国建设规划纲要（2024–2035 年）》

明确了未来创新人才培养与创新能力提升的总体方向和基本思路。培养拔尖创新人才是一项长期、系统的工程。基础教育对创新人才培养的基点作用不容忽视，要将培养的起点延伸到中小学，引导学生编织成为科学家的梦想，以突破我国拔尖创新人才匮乏的窘境。

教育部印发的《义务教育课程方案和课程标准（2022年版）》明确指出“探索大单元教学，开展主题化、项目式学习等综合性教学活动”，“培养学生创新精神和实践能力”。一个项目就是一个学习单元，因此，项目式学习属于大单元教学。

在过去的一百年，国际学术界有关创新人才的发现与培养经历了两大转变：从心理学家通过智力测验遴选天才儿童的遗传决定论转变为教育界重在后天发现和教育养成；从“关注前1%～3%的智商超常儿童”到“尊重每一个学生的创新潜能发展”。放眼国际，我国有关创新人才培养的实践范式正处于转型的关键节点，要坚持创新面向人人的基本理念，尊重每个学生的创新潜能发展。习近平总书记明确提出“人人是创造之人”①，“相信每一个学生都是可塑之才，善于发现每一个学生的闪光点和特长”②。

初中阶段是拔尖创新人才早期培养的关键时期，是孵化学生科学精神、创新素养的决定性阶段。项目式学习有助于挖掘学生的创新潜能，是培育创新素养的最佳路径。以项目课程为新载体，让项目式学习走向常态，立足课堂，面向人人，基于项目式学习推进跨学科主题学习，以此为路径培养创新人才，这是对“科技强国，教育何为”时代命题的积极回应。

创新人才是国家自主发展的根本资源，是国家人才培养的长期战略目标。创新素养是创新人才的核心素质与集中表现，确定其内涵、关键指标与具体表现水平是培养与评价中小学生创新素养的理论依据。在核心素养框架下，创新素养是指在日常活动、问题解决、适应挑战等方面所形成的实践能力、创新意识和行为表现。③培养创新人才要瞄准其背后更为内核、更具教育属性、

① 中共中央文献编辑委员会编：《习近平著作选读》第二卷，人民出版社2023年版，第200页。

② 中共中央文献编辑委员会编：《习近平著作选读》第二卷，人民出版社2023年版，第202页。

③ 黄四林：《核心素养框架下创新素养的关键指标》，《北京师范大学学报》（社会科学版）2021年第3期。

可测量、可评价的创新素养。①

1. 何为创新素养

创新是人类文明进步与社会发展的根本动力，是提升个人竞争力的核心要素，无论是对人类个体与整个社会的发展，还是对国家竞争力的提升和国家的存续都至关重要。一个具有创新素养的个体，能够利用相关信息和资源，产生新颖且有价值的观点、方案、产品或成果。创新素养的实质是创造性，而创造性是指根据一定的目的，运用一切已知信息，产生出某种新颖、独特、有社会意义或个人价值的产品的智力品质。②结合这一内涵以及教育部文件对核心素养的定义③，我们可以把创新素养界定为学生应具备的适应终身发展和社会发展需要的创新品格和创新能力，具有可教、可学、可评、可测、可视的特点。

2016 年，中共中央、国务院印发的《国家创新驱动发展战略纲要》就曾指出“要推动教育创新，改革人才培养模式，把科学精神、创新思维、创造能力和社会责任感的培养贯穿教育全过程；营造崇尚创新的文化环境”。2017 年国务院印发的《国家教育事业发展“十三五”规划》明确指出“培养学生的创新创业精神与能力，要从中小学做起”。中国教育创新研究院发布了 21 世纪核心素养 5C 模型，明确提出创新素养包括创新人格、创新思维和创新实践三个要素（表 1–1）。④

表 1–1　创新素养的基本要素及其评价方式

一级指标	二级指标	代表性行为表现	评价类型	评价形式
创新人格	自信	对自身的创造性有信心，进取心强	过程性评价	问卷、档案袋、对比性的思维导图等

① 师保国：《核心素养的“教”与“评”——以创新素养为例》，《人民教育》2017 年第 3 期。

② 林崇德：《创造性人才·创造性教育·创造性学习》，《中国教育学刊》2000 年第 1 期。

③ 《教育部关于全面深化课程改革 落实立德树人根本任务的意见》，http://www.moe.edu.cn/publicfiles/business/htmlfiles/moe/s7054/201404/167226.html，2016 年 4 月 27 日。

④ 刘坚等：《5C 核心素养：教育创新指南针》，教育科学出版社 2021 年版，第 125 页。

续表

一级指标	二级指标	代表性行为表现	评价类型	评价形式
创新人格	冒险	敢于冒险，能容忍不确定性	过程性评价	问卷、档案袋、对比性的思维导图、学生习作等
	开放	具有开放的心态，愿意接纳新生事物，不断拓宽视野，能够用宽容的态度对待不同的观点，允许他人反驳自己的观点，并乐于修正自己的观点	过程性评价	任务单和核检表等
	好奇	具有好奇心，对未知事物具有旺盛的求知欲，对事物运行机制有浓厚的认识兴趣	过程性评价	问卷、档案袋、对比性的思维导图等
	挑战	勇于挑战，面对挑战坚持不懈，面对批判、挫折有韧性，能正确归因	过程性评价	任务单和核检表等
	独立与合作意识	对事情有自己的观点，具有较强的自主性、独立性，具有一定的怀疑性，不轻易服从权威。指导个体对外部情境作出反应的同时又在与外部世界的交互作用过程中对个体行为进行反馈，从而在意识中形成新的经验	过程性评价	任务单、档案袋、对比性的思维导图、物化成果和核检表等
	内驱	在活动中受内在动机的驱动	过程性评价	问卷、档案袋、对比性的思维导图等
	想象力	把一个对象甚至当它不在场时也能在直观中表象出来	过程性评价、终结性评价	量规、物化成果和不断迭代的草图等
	坚持性	具有坚忍不拔的精神，不屈不挠，具有专一性，遇到困难不退缩，坚持到底	过程性评价、终结性评价	KWL 表、物化成果和不断迭代的草图等
创新思维	发散思维	能够沿着不同的方向进行发散性思考，从多个角度寻求解决问题的途径	过程性评价，终结性评价	KWL 表、任务单、物化成果和核检表、纸笔测试等

续表

一级指标	二级指标	代表性行为表现	评价类型	评价形式
创新思维	聚合思维	根据一定的目的，梳理聚集多种思路和信息，进行系统分析与推理，以求得有效的解决方案	过程性评价、终结性评价	KWL 表、任务单、物化成果和核检表、纸笔测试等
	重组思维	根据需要，对已有的几种事物（或其部分）进行重新整合，生成新的、具有更优功能和效果的新事物	过程性评价、终结性评价	任务单、物化成果和核检表、纸笔测试等
创新实践	提出问题	从多个角度对目标进行澄清和分解，或者对问题进行识别和表征	过程性评价、终结性评价	KWL 表、任务单、物化成果和核检表、纸笔测试等
	发现证据	围绕目标或问题，搜集不同来源的信息或资源	过程性评价、终结性评价	KWL 表、任务单、物化成果和核检表等
	生成创造性的解决方案	付诸行动，通过引入新的思路和方法，或者对已有的解决方案进行重组，以产生创意或解决问题	过程性评价、终结性评价	任务单、物化成果和核检表、纸笔测试等
	物化成果	选择特定主题，开展创新实践活动，形成方案、作品等各种形式的成果	过程性评价、终结性评价	不断迭代的设计草图、不断迭代的项目产品

2. 创新素养与核心素养的关系

在林崇德组织研制的具有中国特色、面向未来的“中国学生发展核心素养”总体框架中，中国学生发展核心素养指标体系共分为三个方面、六大素养，实践创新是其中的六项素养之一。该框架将实践创新素养界定为学生在日常活动、问题解决、适应挑战等方面所形成的实践能力、创新意识和行为表现。作为学生核心素养的“核心”成分之一，创新素养是逐步形成和发展的，在发展过程中会受到先天条件和后天环境等各种因素的影响。

创新素养是对核心素养的细化、深化，是把国家统一制定的育人“蓝图”细化为学科育人的“施工图”，被称为核心素养的核心。创新素养与核心素养的关系如表 1–2 所示。

表 1–2　创新素养与中国学生发展核心素养的关系

创新素养的三大维度	主要表现描述	八大关键能力	必备品格	正确价值观	中国学生发展核心素养	
					六大素养	18 个基本要点
创新人格	(1)对自身的创造性有信心，敢于冒险，勇于挑战，具有专一性，遇到困难或问题，能正确归因 (2)具有开放的心态，能够用宽容的态度对待不同的观点 (3)具有好奇心和想象力，对事物运行机制有浓厚的认识兴趣 (4)具有较强的自主性、独立性，具有一定的怀疑性，不轻易服从权威	合作能力（自我管理、处理个人与集体的关系）、职业能力（解决实际问题）、认知能力、创新能力	勇敢坚韧、多元包容	责任、友善	责任担当、健康生活、科学精神、学会学习	人文情怀、审美情趣、乐学善学、勤于反思、健全人格、自我管理、社会责任、国家认同和国际理解
创新思维	(1)能够沿着不同的方向进行发散性思考，从多个角度寻求解决问题的途径 (2)根据一定的目的，梳理聚集多种思路和各种信息，进行系统分析与推理，以求得有效的解决方案 (3)根据需要，对已有的几种事物（或其部分）进行重新整合，生成新的、具有更优功能效果的新事物	合作能力、认知能力（独立思考、信息加工、逻辑推理）、创新能力	求真务实	诚信、友善	科学精神	理性思维、批判质疑

续表

创新素养的三大维度	主要表现描述	八大关键能力	必备品格	正确价值观	中国学生发展核心素养	
					六大素养	18 个基本要点
创新实践	(1)从多个角度对目标进行分解，或者对问题进行识别和表征 (2)围绕目标或问题，搜集不同来源的信息或资源 (3)通过重组产生创意或解决问题 (4)选择特定主题，形成方案、作品等物化成果	合作能力、职业能力（知行合一、精益求精的职业精神、动手实践）、认知能力（信息加工）、创新能力	向上尚美、多元包容	爱国、诚信、责任	责任担当、实践创新、科学精神	劳动意识、问题解决、技术运用、信息意识、审美情趣、勤于反思、自我管理、社会责任、国家认同和国际理解

青少年时期是创新素养发展的黄金期。培育创新素养是一项系统工程，主战场是学校，主阵地是课堂。要以重塑的综合性、主体化和个性化的项目课程为载体，增强课程的选择性，以项目式学习走向常态为路径，打造培育创新素养的教育生态，将创新素养全面融入学校日常教学之中，构建基于项目式学习培育创新素养的内在机制和系统生态，真正做到既面向全体又因材施教，凸显学生的主体地位。

3. 培育创新素养应解决的问题

通过系统变革育人方式，拓展创新人才培养的新路径，从而解决培养谁、培养什么、怎么培养、培养得怎么样等问题。

（1）培养谁和培养什么

秉持“培育创新素养从人才的‘掐尖’转向面向人人的‘普育’”[①]的理念，

① 刘坚等：《基础教育阶段创新人才培养的误区及范式转变》，《人民教育》2023 年第 18 期。

在初中阶段培养学生的迷你创造力和日常创造力。

研究发现，人人都具有创新能力，且与生俱来，但个体之间存在差异。创新人才早期培养既要面向全体，又要因材施教。

参考考夫曼（J. C. Kaufman）和贝格托（R. A. Beghetto）的创造力4C模型，创造力可以分为四种类型：杰出创造力、专业创造力、日常创造力和迷你创造力。[①] 迷你创造力是每个人都具备的，其作品影响较小，往往局限于自身，比如对一道菜的改良创造可以给自己带来快乐和愉悦。日常创造力也是每个人都可以具备的，但其影响比迷你创造力大一些，可能影响到自己周围更大的圈子，比如将这道菜分享给家人和朋友，如果家人与朋友也觉得这道菜有创意，那么这就是日常创造力。专业创造力影响范围更大，是指在一定的领域里有突破、有创意。比如一个人如果是一名专业厨师，改良了一道菜，而且被食客认可，他们也觉得有创意，这就是专业创造力。杰出创造力是指对人类社会有巨大、长期影响的创造力，比如爱因斯坦的相对论、达尔文的进化论、贝多芬的交响乐、梵高的绘画等。

在基础教育阶段进行创造力的普惠性教育中，中小学生可发展的创造力多指日常创造力和迷你创造力[②]。日常创造力是每个普通人可以拥有和发展的创造力（如在日常生活中提出新颖、有效的问题解决方法），迷你创造力是个体主观、内部的解释，聚焦于经验、行动和事件给出新颖且有个人意义的诠释。

（2）怎样培养

项目式学习是“培育创新素养的有效路径”，让项目式学习走向常态，拓展创新素养培育的新路径。

基于多学科融合的学习实践是培养学生创新素养的有效途径，通过这一途径学生可以接触并获取大量新的观念，对原有的知识结构进行解构重组，破除固有的思维定式，增加理论与实践的双向互动等，从而实现在“从基本

① Kaufman, J. C., & Beghetto, *R.* A., “Beyond big and little: The four C model of creativity”, *Review of General Psychology*, vol. 13, no(2009), pp. 1-12.

② 刘坚等：《5C核心素养：教育创新指南针》，教育科学出版社2021年版，第110页。

学习到高阶学习，用高阶学习拉动基本学习”“用项目驱动理解，用理解驱动创新”。通过设计融合科学、技术、工程和数学等多学科的课程内容和项目式学习活动，激发学生的探求欲和想象力，培养其跨领域的创新素养。[①] 培育创新素养的主要路径有三条：一是以课程为载体，以项目式学习为路径，用项目包裹知识，通过综合课程培育创新素养；二是既要在各个学科的课堂教学中培育，又要在课外综合实践活动中培育；三是通过社团等，为有创造潜质的学生提供差异化教育。[②]

（3）培养得怎么样

创新素养可视、可教、可学、可测量、可评价、可预测，可以进行循证教学。

研究表明，测量和评估创新素养不仅是可能实现的，还可以用它以强有力的方式来开发和优化学生的创造潜力。我们要研发各种检测与评价工具，测评创新素养，基于评价过程和结果建立成长档案袋，建立多元的发现和培育机制。聚焦循证教学的研究，可以通过“专业经验+科学证据”的整合，来缩小教育理论与实践之间的差距，让整个教学变得“过程有据、结果可证”。

综合国内外文献，基于项目（Project-based Learning，PBL）和基于问题（Problem-based Learning）的学习方式，有助于培育创新素养，培养学生的创造力。

4. 以项目式学习为路径培育创新素养

项目式学习是一种课程组织方式，一个项目式学习单元即为一个微课程。本课程以系统研发项目课程为载体，以创新知识为基础，以创新思维为核心，将创新素养的各个维度全面嵌入项目式学习的设计、实施与评价中，研究每个维度的落实途径，分别检测每个维度的落实情况，让每个学生都有机会提高创新能力。项目式学习不仅对培育创新素养有直接、显著的影响，还可以系统构建培育创新素养的教育生态（图 1-2）。

---

① 师保国：《STEAM 教育对学生创新素养的影响及其实施策略》，《中国电化教育》2017 年第 4 期。

② 师保国：《拔尖创新人才的早期特征与培育：创新品格的视角》，《人民教育》2024 年第 12 期。

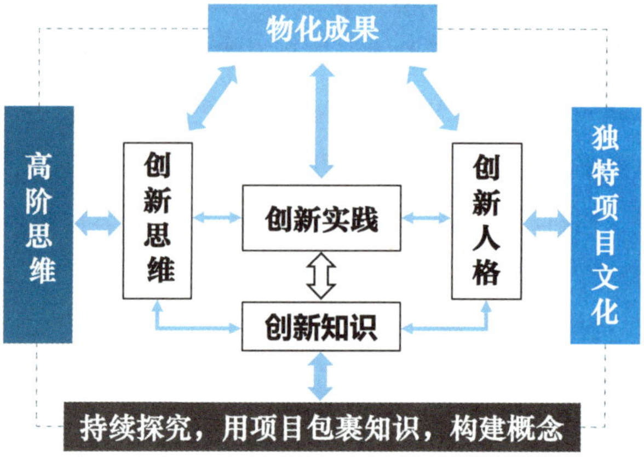

图 1-2　基于项目式学习系统培育创新素养的模型

通过重塑项目课程体系，研发纵向衔接、横向关联、螺旋上升、高适切、可选择的“一核—三层—三类”项目课程（图 1–3），围绕项目主题重构学习单元，指向跨学科概念重组教学内容，以项目式学习走向常态为路径，将创新素养嵌入集结构化、综合性和实践性于一体的项目式学习之中，以此拓展培育创新素养的新路径。

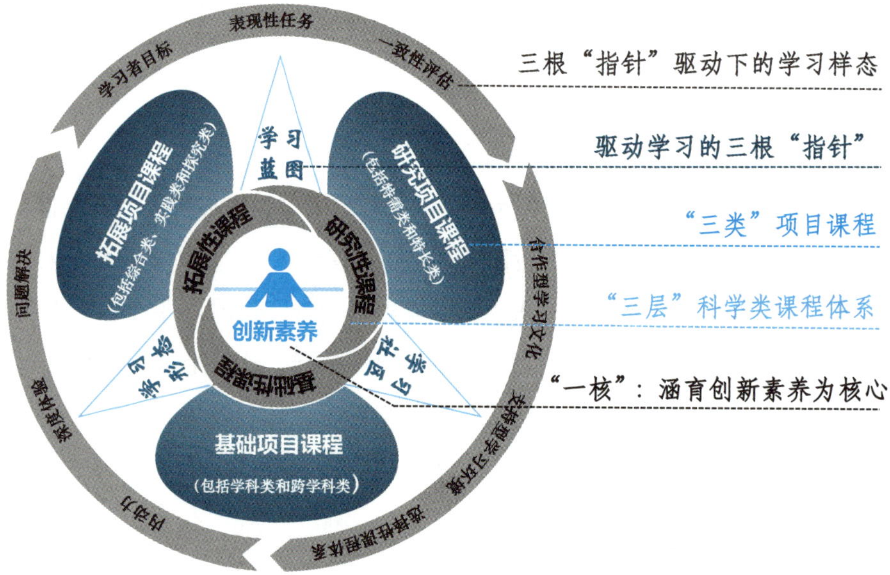

图 1-3　“一核—三层—三类”项目课程框架

“一核—三层—三类”项目课程框架中，“一核”指以早期培养创新人才的创新素养为核心，“三层”指三个层级的课程（基础性课程、拓展性课程和研究性课程）的特色化、个性化逐渐增强，“三类”指三类项目课程，包括基础项目课程、拓展项目课程和研究项目课程。课程通过整合各种资源对项目单元的重构和教学内容的重组，消弭学科边界，重构项目式学习育人系统，就要将创新素养与项目式学习相互嵌套，一体化、系统化设计科学类课程、课后服务和课外实践活动，以项目课程为载体，以项目式学习为路径，从课程、教学、育人生态等方面构建科学教育新样态，面向人人，整合高校、科研院所、科技场馆、青少年宫、博物馆、科技企业等资源，重塑涵育创新素养的教育生态，涵育创新素养，拓展创新人才培养新路径（表 1–3）。

表 1–3 “三层—三类”项目课程解读表

三个层级	三个类别	研发依据	受众
基础性课程	基础项目课程（包括学科类和跨学科类）	基于课标，基于学科跨学科，重构项目单元，重组教学内容，高质量实施国家课程	面向全体，为必修、分层、分类课程
拓展性课程	拓展项目课程（包括综合类、实践类和探究类）	依据《中小学综合实践活动课程指导纲要》，延伸国家课程，发现学生，唤醒学生	面向群体，根据兴趣选修，为综合课程
研究性课程	研究项目课程（包括特需类与特长类）	指向社会发展的特需类和满足人本思想的特长类课程	面向个体，为个性化课程

通过指导学生规划自己的学习蓝图（“学习者目标—一致性评估—表现性任务”），以项目课程为载体，以项目式学习走向常态为路径。实施时聚焦三根“指针”驱动，课内和课外协同培育创新素养，以评价变革为支点撬动育人方式系统变革，形成长链条育人机制，厚植成长沃土，从而满足每一位学生的发展需求，让创新人才慢慢成长。

章“彩蛋”

构建综合科学课程图谱

根据以上“一核—三层—三类”项目课程的功能定位，目前科学类学科已累计研发3个领域的90多个项目课程（表1–4），孵化1个“零壹”空间。

表1–4　“三类”项目课程群图谱（科学类）

类别		项目课程名称	实施时间
基础项目课程	学科类	生物学 项目1：3D打印细胞模型；项目2：我是“能量大富翁”桌游设计师；项目3：饲养斑马鱼——受精卵成长记；项目4：遗传规律大揭秘；项目5：探究“变”与“不变”的秘密；项目6：年夜饭中的生物多样性	常规课堂
		化学 项目1：设计简易制氧机；项目2：小纳米奇遇记——基于元素、分子、原子认识物质世界；项目3：从刀耕火种到现代文明；项目4：金属版画的制作；项目5：食盐的旅途；项目6：优化厨房计划	
		物理 项目1：制作退热贴；项目2：鉴宝师；项目3：冬奥会中的速度与激情；项目4：照亮小镇；项目5：调音师；项目6：攀岩中的力学原理；项目7：确定嫌疑人X；项目8：自制潜水艇；项目9：古代机械智慧；项目10：水火箭争霸赛；项目11：多种多样的身高测量仪；项目12：设计电子温度计；项目13：安全用电指南；项目14：自制电磁起重机；项目15：解密月球悬浮灯	
	跨学科类	科学类 制作生态瓶；饲养家蚕；设计、制作造雪机；节能环保小屋的设计与制作；建设零碳校园；投石机挑战赛；自制棉花糖机；自制太阳灶；制作简易乐器并演奏；打造锡纸船；自制冰激凌与火箭 生物学与物理等制作可调节的眼球成像模型；制作实验装置，模拟吸烟有害健康；自制显微镜；人体中的杠杆；制作麦芽糖 生物学与化学等土壤改良，植物栽培，探究一种植物所需要的物理和化学环境条件；自制叶脉书签；制作发酵食品；海洋资源的综合利用与制盐；微型空气质量“检测站”的组装与使用 物理与化学等 水质检测及自制净水器；垃圾分类与回收利用；调查我国航天科技领域中新材料、新能源的应用；调查家用燃料的变迁与合理利用	常规课堂

续表

类别		项目课程名称	实施时间
拓展项目课程	综合类	名家大师进校园，探秘首钢园，科技研学（打造“深度沉浸 × 跨界融合 × 真实创造”的立体化研学矩阵，以实验室参观 + 讲座 + 工作坊融入主题研学活动），永定河变迁	课后服务、综合实践等
	实践类	科技创客嘉年华活动，基于碳中和理念设计低碳行动方案，校园场景“痛点”调研及解决方案，智慧农场，我为小鸟安个家，纸桥承重大赛，校园冰雪节（冰车、冰雕），青少年创意大赛	
	探究类	土壤污染与修复，核辐射与防护，太阳能光伏发电，水资源保护，竞赛课程，AI 画图，现代基因工程，纳米材料与技术，模型设计——航模、车模、海模和建筑模型，财商，开放科学实践活动	
研究项目课程	特需类	创新思维与方法，小发明 · 小创造课程，设计思维与产品设计课程，创业沙盘模拟，数学建模基础，基本思维教程，柯尔特（CORT）课程，设计思维（Design Thinking）工作坊	社团、研学等
	特长类	机器人课程，算法与 AI 课程，开源硬件——智慧家庭、智慧校园、智慧社区，物联网开发与应用，探秘宇宙，人工智能	

注：梁雪薇、张泽仙、张少焕等参与研发了以上课程。

第二章
在课堂上开展项目式学习的误区与挑战

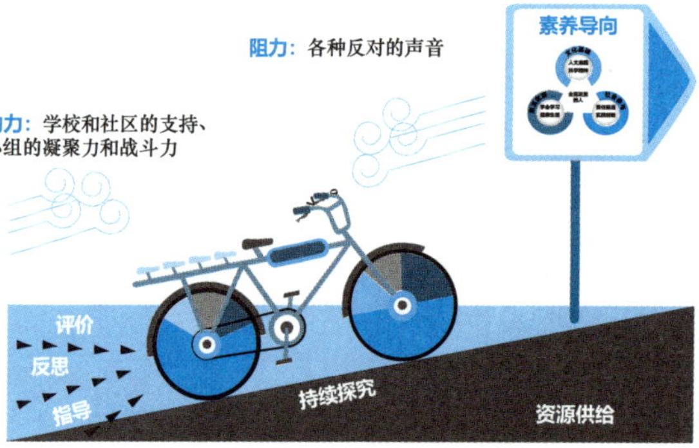

图 2-1　素养导向的项目式学习实施模型

正如在斜坡上骑自行车，既有助力，如顺风等；又有阻力，如逆风等。

在推进项目式学习的过程中，我们也会存在误区、面临各种阻力和挑战，如家长、学校、教育行政部门等社会资源的匮乏等（图 2-1）。

具体实施时，要通过学习与借鉴、研讨与研究、交流与分享走出误区，通过项目告知书、家长会等形式取得学校和社会的支持，与家长形成教育合力。评价、反思能助推项目实施。项目管理中，教师作为教练、项目经理、顾问、向导等，要及时提供支架，这样可以降低项目的难度，激发学生的自信心。

当前，教育改革的重点是课程与教学创新。项目式学习从高等教育到中小学教育乃至幼儿园，从创新人才基础培养[1]扩展至学习方式变革，成为课程与教学创新的重要抓手。尤其从 2000 年开始，项目式学习逐渐成为发达国家和地区推广的一种课程与教学创新的路径。未来社会要求学生在学校获得比传统教学更多的东西，他们需要学习如何创造性地解决问题、如何在团队协作中工作、如何管理项目，这些思维方式、工作方式和关键能力正是项

① 方中雄：《创新人才基础培养的核心意旨与实现路径》，《中国教育学刊》2022 年第 2 期。

目式学习的价值取向。也就是说，项目式学习致力于培养适应复杂、多变的世界的未来公民。

1. 在课堂上开展项目式学习的价值

（1）在课堂上开展项目式学习可以补中国教育短板①

在国际比较中，中国学生往往被认为基础扎实，注重知识掌握和知识体系的构建，但是对包括问题解决、创造性在内的 21 世纪技能等方面的关注较少，甚至存在“短板”。项目式学习强调诸如合作、沟通和问题解决等方面的能力，而问题解决能力和创造性恰恰是创新人才的显著特征。培养创新人才要瞄准其背后更为内核、可培育、可测量、可评价、可观察的创新素养。

实验研究表明，项目式学习对学生的创造性思维有直接、显著的影响。我们以项目式学习为路径，打造培育创新素养的教育生态，将创新素养全面融入学校日常教育教学之中，以创新知识为基础，以创新思维为核心，将创新素养的各个维度全面嵌入项目式学习的设计、实施与评价中，分别检测各维度的落实情况，构建素养导向的课堂，让每个学生都有机会提高创新能力。

项目式学习在培养学生的高阶思维方面也有得天独厚的优势，如批判性思维、问题解决、领导力、创造力和沟通能力等软技能。这些技能是个人成功的关键，尤其在人工智能驱动的领域。然而，许多软技能在传统教育中并没有得到强调。通过小组合作学习创造性地解决真实的、有挑战性的问题，既培养了学生的问题意识和问题解决能力，又培养了学生的高阶思维，如设计思维、创新思维、系统思维和批判性思维等，还培养了学生的项目规划能力、社会情感能力（具体模型见图 2–2），如交流、合作沟通与协调能力等。显然，项目式学习既能够“育分”，又能够“育人”。

---

① 夏雪梅：《项目化学习设计：学习素养视角下的国际与本土实践》，教育科学出版社 2021 年版，第 5 页。

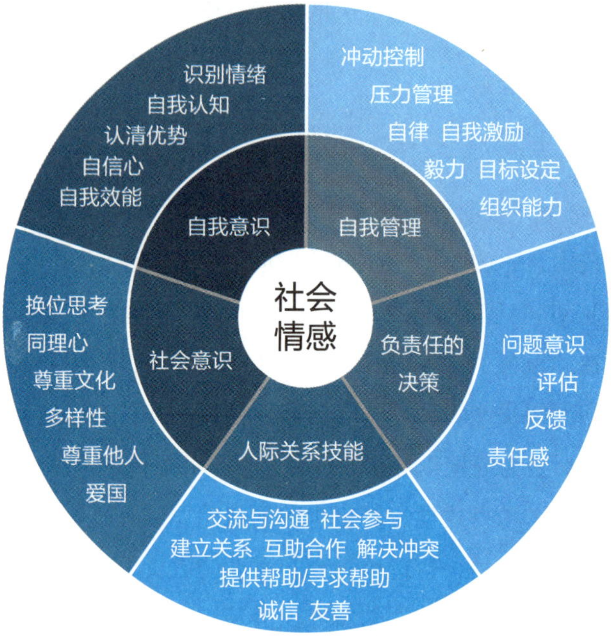

图 2-2　社会情感能力模型（摘自北京市十一学校原校长李希贵的报告）

（2）在课堂上开展项目式学习符合教育改革趋势

2019 年 6 月，国务院办公厅发布《关于新时代推进普通高中育人方式改革的指导意见》，指出“注重加强课题研究、项目设计、研究性学习等跨学科综合性教学”。2019 年 7 月，中共中央、国务院发布《关于深化义务教育教学改革 全面提高义务教育质量的意见》，指出“探索基于学科的课程综合化教学，开展研究型、项目化、合作式学习”。由此可见，从义务教育到高中阶段，国家都倡导项目式学习。

2022 年 4 月，教育部发布《课程方案》和《课程标准》，明确提出探索大单元教学，积极开展主题化、项目式学习等综合性教学活动，促进学生举一反三、融会贯通，加强知识间的内在关联，促进知识结构化。多个学科的《课程标准》都推荐项目式学习，如化学、生物学等。由此可见，项目式学习不仅是一种综合性教学活动，还是一种内容组织方式。

跨学科实践、跨学科学习或跨学科主题学习等综合性教学活动是国际课程改革的趋势和方向。一般来说，完成一个项目，解决一个生活中真实的问题，不可能仅靠一个学科，一般需要多个学科的参与。由此可见，项目式学习强调跨学科，我们可以基于项目式学习进行跨学科主题学习。如《义务教育生物学课程标准（2022 年版）》在“课程实施”中指出应整体规划跨学科实践，探索项目化实施，且提出了相应学业要求，为跨学科实践的落地指出了清晰的路径。项目式学习为跨学科实践提供了“支架”，其原因如下：其一，项目式学习倡导“做中学”“用中学”“创中学”，其根基是实践性，这一点与跨学科实践完全一致；其二，真实性是项目式学习的本源，而真实情境、真实问题也是跨学科实践的特点；其三，物化成果是项目式学习独有的目标，完成项目作品可以激发学生学习的主动性，与跨学科实践高度契合。

项目式学习在实施跨学科实践中具有三点明显优势。第一，项目式学习历经百年的发展，有着固定且成熟的程序步骤，有其特有的资源供给方式，构建了以量规、脚手架等为主的“超市化”学习资源库，形成了高效的项目组织管理机制和独特的项目式学习文化。因此，项目式学习可以弥补或克服跨学科实践随意性的问题，从而优化跨学科实践的全过程。第二，项目式学习是一种跨学科、综合性的学习方式，能够将各学科整合到一个项目中，主线聚焦且明晰。因此，项目式学习可以克服跨学科实践碎片化的问题，使之具有完整性和系统性。第三，项目式学习离不开小组合作学习，能够培养学生的交流、合作、沟通等能力。跨学科实践的任务具有挑战性，提倡合作互动，同样需要高质量的小组合作。因此，项目式学习是跨学科实践的重要形式。

（3）在课堂上开展项目式学习可以培育核心素养

项目式学习的核心目标在于培育学生的核心素养，从机械记忆式的学习转向理解应用式的学习。项目式学习倡导素养导向、指向大概念，构建跨学科概念。大概念并不是物理上的“大”（如包含的知识范围），而是指它的统摄性。威金斯和麦格泰将大概念描述为“车辖概念”。车辖指车轴上穿着的小铁棍，使车轮不脱落。有了车辖，车轮等零部件才能组装起来，否则将会散落一地。因此，大概念可以对知识进行结构化，成为知识的“附着点”“聚集点”“生长点”“组织者”。

《课程方案》指出，以主题、项目、任务等结构化的方式来组织课程内容，项目式学习具有综合性、真实性、实践性等特点。作为综合性教学活动，在设计时，我们指向大概念，以问题解决为主线，构建了“四系统”，即问题系统、任务系统、评价系统、课时规划（图 2–3）。其中，驱动性问题对应项目任务，项目任务对应大概念；子问题对应子项目，子项目对应重要概念……大概念是核心素养的“摆渡者”，通过概念的建构培育素养。

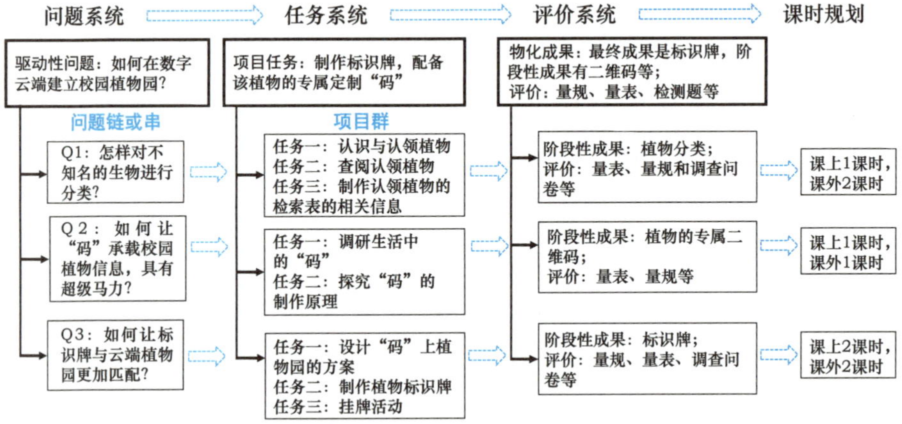

图 2–3　“问题系统—任务系统—评价系统—课时规划”图示

（4）在课堂上开展项目式学习可以打造多种学习样态

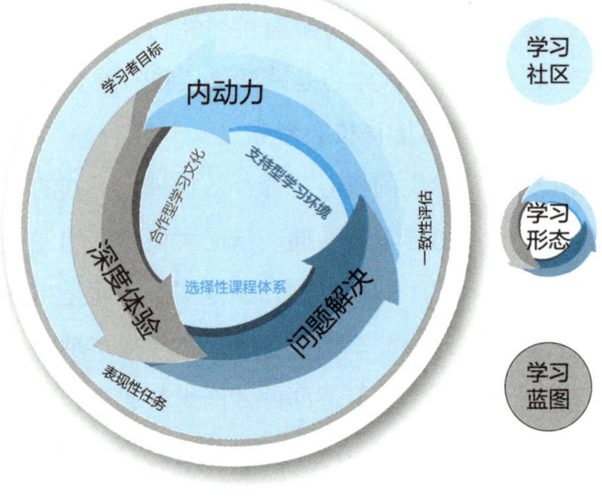

图 2–4　基于项目式学习构建学习新样态
（引自北京市十一学校原校长李希贵的报告）

项目式学习作为一种课程组织形式、教学方式、学习方式，具有独特的项目文化，可以重置支持不同潜能的学生实现个性化自主学习的学习蓝图，重塑学习形态，打造新型学习社区，构建从“教”走向“学”的学习样态（图 2–4），推动课堂转型。

①学习蓝图：在高

阶认知上逆向设计项目式学习

项目式学习遵循以终为始的逆向设计理念，即先确定教学目标，然后找到评估目标是否达成的证据，最后再根据目标与证据安排教学计划，实现“学习者目标—表现性任务—一致性评估”三者的统一性。为帮助教师更好地理解项目式学习的本质特征与实践样态，基于“UbD（Understanding by Design，意为追求理解的教学设计）”理念，我们提炼了项目式学习设计七步法（图 2-5）。利用该方法设计的项目式学习要经过不断的迭代才能进入课堂，同时还要复盘设计过程中的方法、规律，再将其迁移至下一个项目式学习的设计中。

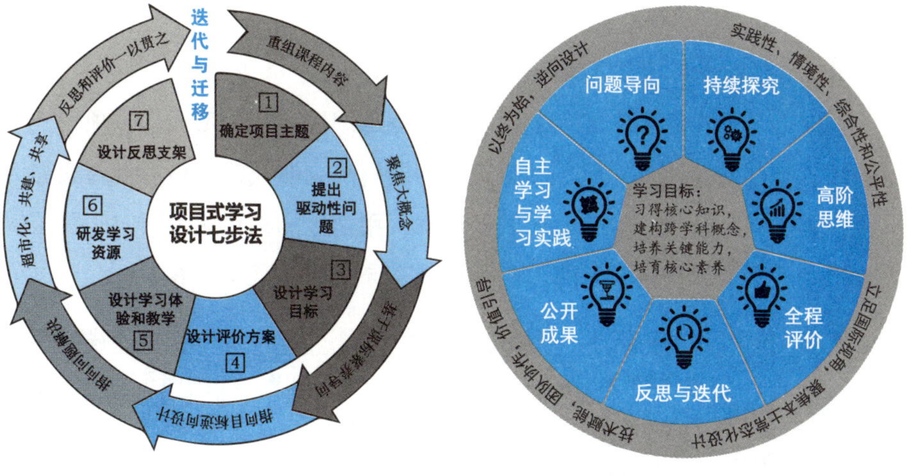

图 2-5 项目式学习设计七步法和成功标准

②学习形态：彰显项目式学习的价值与魅力

基于项目式学习构建的综合科学课程，促使学习形态发生变革。从“学以致用”转向“用以致学”，更加重视学生的亲身参与和独特体验，鼓励学生在实践中学会解决问题，成为适应未来社会挑战的创新人才。

Ⅰ.内动力：项目式学习的前提

法国哲学家安德烈·焦尔当在《学习的本质》中提到学习的科学定律：动机 = 需求 × 价值。项目式学习的设计关注社会价值和实践意义，实施时强调目标导向、问题导向、创新导向和需求导向，以此激发学生的学习动机和内动力。具体策略如下：

a. 基于《课程标准》设计项目学习目标，且师生均事前知晓，做到清晰、适切、可操作、可评价，使学习目标自带动力。

b. 设计真实且有挑战性的项目任务和拉动学习全程的驱动性问题，让项目式学习变得有意义、有意思和有可能，调动学生参与项目的积极性和主动性。

c. 评价即学习，评价即育人，也就是在完成表现性任务的过程中实施表现性评价。通过设计评价方案，发挥评价的导向、诊断、反馈、激励、改进功能，实现以评促教、以评促学，促进学生全面发展。

d. 以小组长的领导力激发小组活力，通过小组团队的力量影响、带动每位组员。

Ⅱ. 问题解决：项目式学习的核心与主线

创新素养是在解决真实、复杂、有挑战的问题过程中形成的。项目式学习的核心是创造性解决问题。本课程以问题解决为明线，以培育创新素养为暗线，遵循问题解决、素养发展的双逻辑，用学生的物化成果回应问题的解决，研发了基于项目式学习的“三段九环”课堂教学模式（图 2–6）。

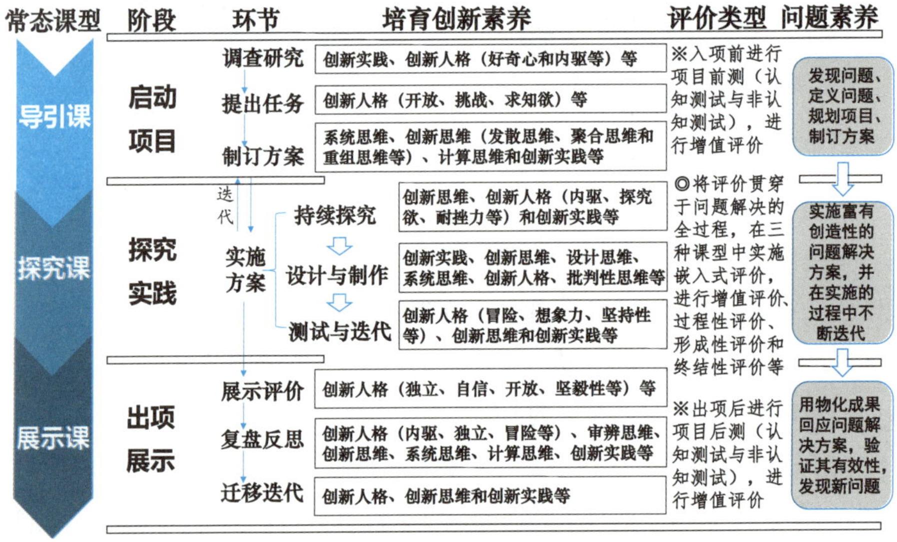

图 2–6　基于项目式学习培育创新素养的课堂教学模式

由图可知，在课堂上开展项目式学习可以做到以下几点：

a. 用项目包裹知识，用一种更生动的方式落实知识。“构建知识和概念”和“项目实践创新”被喻为项目式学习的 DNA 的两条链。项目式学习解决的是真实情境下的问题，完成的是真任务，沟通知识世界与生活世界，克服了知识学习与实践创新割裂的现状，帮助学生实现“知”和体验如何“行”，做到知行统一、学做结合。项目式学习不是弱化知识的落实，而是强调用项目包裹知识，通过大概念统摄概念体系，使知识结构化。

b. 通过物化成果，融入工程学实践。项目式学习会有明确的、多样化的物化成果。对核心知识的理解，对项目中的驱动性问题的回答，学习目标列出的核心知识和概念都要在成果上体现，并得到评价。工程针对的是现实世界中的问题，为学习者提供了一种解释概念的良好背景环境，学生在此情境中可以应用所学知识物化成果，形成问题解决的方案。

c. 实现“教—学—评—做—考”的一致性。项目式学习对学生的评价以表现性评价为主。从课程的视角审视项目式学习的评价，我们称之为课程评价。课程评价既包括课程的设计与实施的评价，还包括对学生的评价，如形成性评价、过程性评价、终结性评价、增值评价等。在项目式学习实施的过程中，对学生的评价既包括传统的纸笔测试等量化评价，还包括质性评价，如基于量规的表现性评价。显然，课程评价的范畴远大于对学生学习的评价。

d. 项目式学习的评价强调将评价任务嵌入学习任务中，将学习任务设计成真实的、有挑战性的表现性任务，在做项目的过程中，将评价融入其中，体现“评价即学习，评价即育人”的理念。在评价项目任务最终的项目成果时，不仅要评价个人的成果，还要评价团队的成果。只强调对团队成果的评价而忽略对个人成果的评价，会使个体学习质量得不到保证。

Ⅲ. 深度体验：在体验中学习、在实践中运用、在迁移中创新

项目式学习将创新素养结合在“教—学—评—做—考”中，进行跨学科、社会性科学议题的学习，旨在改变课堂教学形态和变革学习方式，强化“探中学、做中学、用中学、创中学、学中做”，学生生活世界里精彩纷呈的做事方式，都是课程可能采取的实施方式（图 2–7），如具身学习、行走学习、指尖学习、群聊学习、圆桌学习、众筹学习、搜索学习、触点学习等，而不

仅仅是所谓概念化了的“自主、合作、探究”。

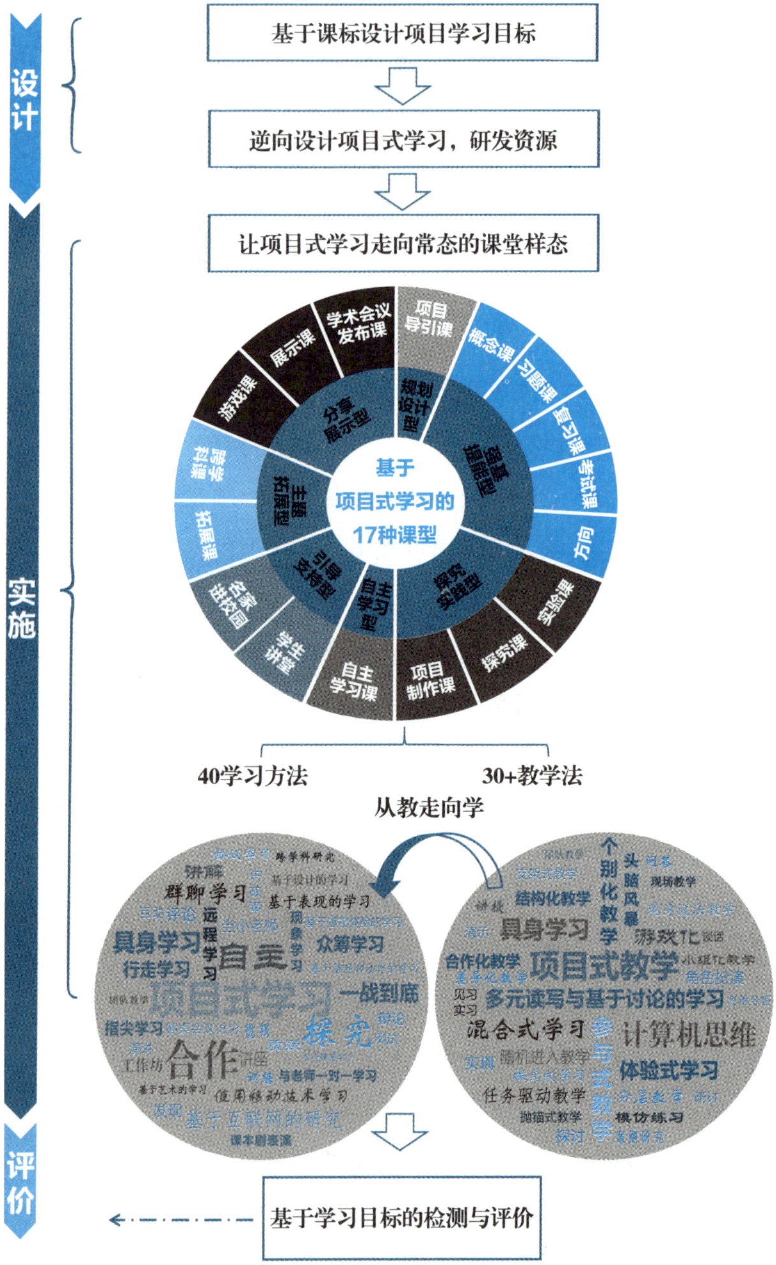

图 2-7　项目式学习的设计、实施与评价“闭环”模型

学生在真实的环境中进行深度体验。一方面，学生在课堂内外进行场景式、体验式、有价值的项目实践活动，可以感受到项目实践的意义和相关性；另一方面，学生在体验中可以认识到需要学习的基本知识和基本技能，这也是真实工作的必要条件，让学生意识到“创新源于知识”，可以激发学习的动机和促进学生的参与。

③学习社区：为项目式学习赋能，提供支持

学校空间服务于项目式学习的实施。我们创建了“智汇山谷”学习社区，将“零壹空间”区域作为开放的科学中心，整合科学类学科的课程资源，为学生提供充足的实验仪器设备和自由开放的实验场所，实现“空间育人”。同时聘任校内专业的教师担任科技辅导员，对学生的实验探究进行跟踪指导，邀请“名师大家”进校园，拓宽科学活动实施的渠道，开展丰富的课后服务和科技社团活动。

Ⅰ. 合作型学习文化：项目式学习的标配

我们自 2002 年开始探索与实践小组合作学习，它作为激励机制激发了学生的内动力，目前已经形成了“课堂评价—每周小结—月考核奖励—学期表彰”的机制，研发了小组合作学习“工具盒子”，形成了合作型学习文化（图 2–8）。

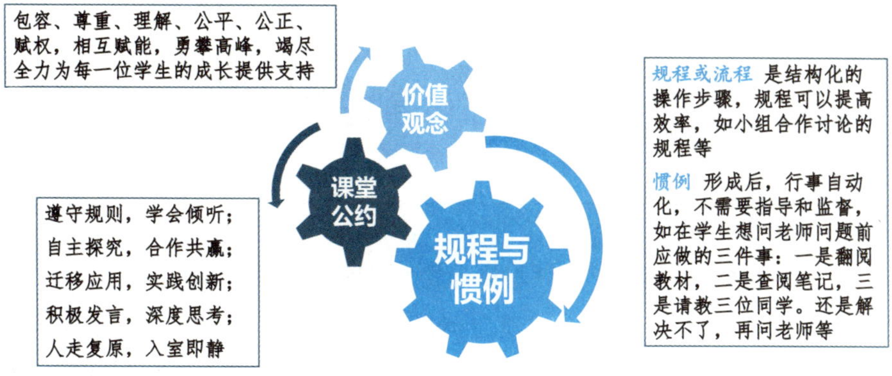

图 2–8 合作型学习文化的“齿轮”图

在项目式学习的环境中，团队的所有成员之间都会进行合作，合作的类型如表 2–1。

表 2–1　合作类型

类型	示例	优点
学生之间的合作	□同伴指导（组内同学之间相互讲授） □同一班级中的不同小组进行合作，一般为 4—6 人 □不同班级的学生进行合作（以小学母校为单位组织项目实践） □不同学校的学生之间的合作	□相互讲授是学习效率最高的学习方式之一，可以提高学习效率。 □学长可以作为支架，作为一种学习资源，助力学生的学习。 □与其他学校的学生一起学习，可以拓展学生的视野，打开学生的思路
学生和教师之间的合作	□对于学生提出的问题，教师不是直接告诉学生答案，而是引导学生进行探究，教师只是向导、顾问。 □教师和学生都是项目经理，共同管理项目进度	□学生主动探究自己感兴趣的问题，在此过程中学生成为学习的主人。 □教学相长，师生共同成长与进步，成为终身学习者
学生和社区成员之间的合作	□学生家长、社区工作人员等均可成为学习资源，通过电话、线上视频等方式参与项目。 □社区提供的场所或学习资源。 □邀请社区人士成为项目导师，全程指导项目实践	□与真实的世界发生关联，学习有用的知识。 □减小实施项目式学习的成本。 □社区人士能帮助学生解决驱动性问题，给学生以具体的指导与示范

Ⅱ. 选择性课程体系：关联与整合成为课程实施的常态

本课程以“一核—三层—三类”项目课程为载体，面向人人，指向创新素养，探索基于项目式学习培育初中学生创新素养的路径，构建多学科一体化培养创新人才的新模式。在课程实施的过程中，整合 AI 技术，重塑信息技术提升“教—学—研—评—辅”的五大应用场景（图 2–9）。

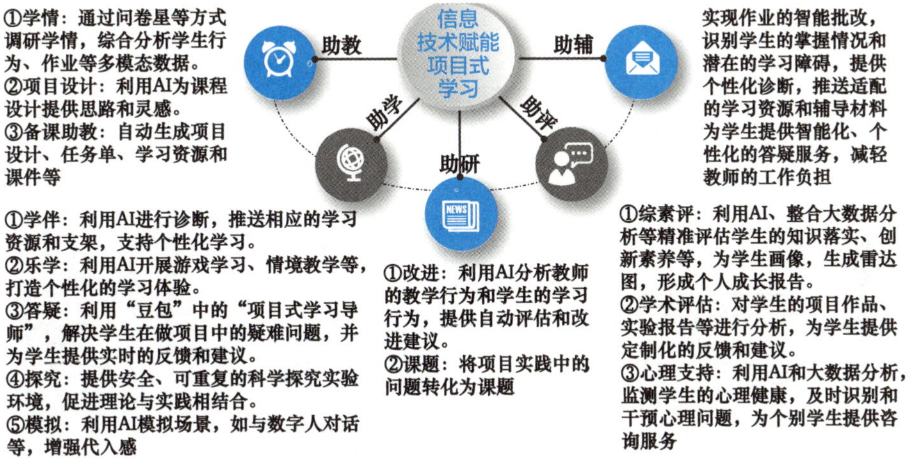

图 2-9　AI 赋能项目式学习的五大应用场景

本课程已研发 90 多个项目课程，为学生提供个性化的学习场景和课程选择，给予学生充分的选择权和自主权，实现学生的全面发展。“菜单式”课程满足学生的不同需求，在“一人一课表”的模式中，能够及时、准确地认识与发现不同学生的内在特质与潜在优势，帮助和指导学生更加快乐地成长与发展。通过主题牵引，开展立足于前沿科学、工程技术和社会生活的拓展项目，设计与初中生年龄特征、知识基础相匹配的且具有科学性、实践性、普适性的综合实践项目，加强各个学科之间、课程内容和个人学习需求之间、课程内容和校外资源之间的广泛关联。

Ⅲ．支持型学习环境：提升教师的空间领导力

“把学习资源配置在离学生最近的地方”“以社区的建设定制个体的发展”，让学习社区成为“创客工场”。以此支持 40 余种学习方式，在每一个学习环节上为学生赋能。

项目式学习空间集“讲授区、自学区、探究区、研讨区、实践区、学习资源区、阅读区、答疑区、展示区、教师工作区”十大功能区域为一体，旨在拓展学习活动的广度和挖掘学习活动的深度。同时校园拥有的全覆盖无线网络，更是突破了时空限制，最大限度地实现了创新型教室的价值。综合科学课程从课内延伸到课外，需要广泛拓展学习时间和空间，以资源赋能课程

的设计与实施（表 2-2）。

表 2-2　支持型学习环境的矩阵表

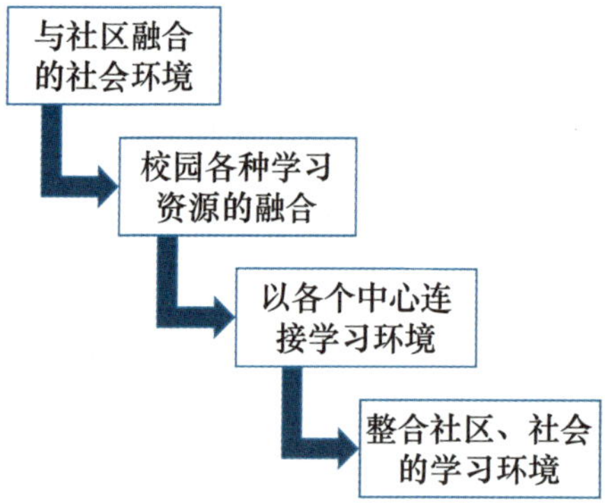

支持型学习环境的四个层次

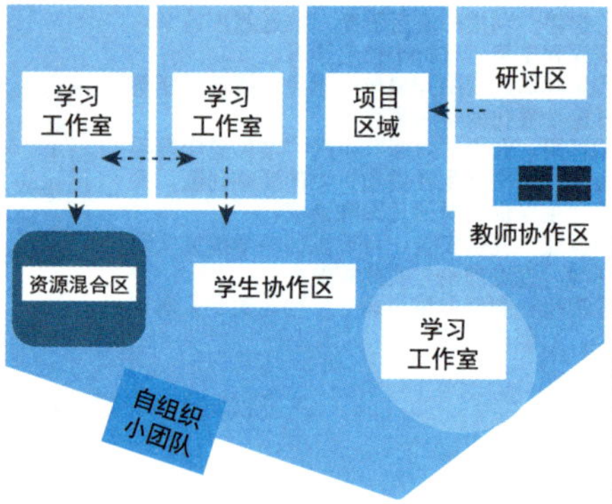

学习社区的整体设计

1. 独立学习	11. 圆桌会议讨论
2. 同伴学习	12. 基于表现的学习
3. 与老师一对一学习	13. 跨学科研究
4. 老师的讲座	14. 基于感官体验的学习
5. 团队协作	15. 基于艺术的学习
6. 基于项目的学习	16. 社会情感学习
7. 远程学习	17. 基于设计的学习
8. 使用移动技术学习	18. 讲故事
9. 学生演讲	19. 团队教学
10. 基于互联网的研究	20. 基于游戏和动作的学习

学习社区支持的 20 种常用学习方式

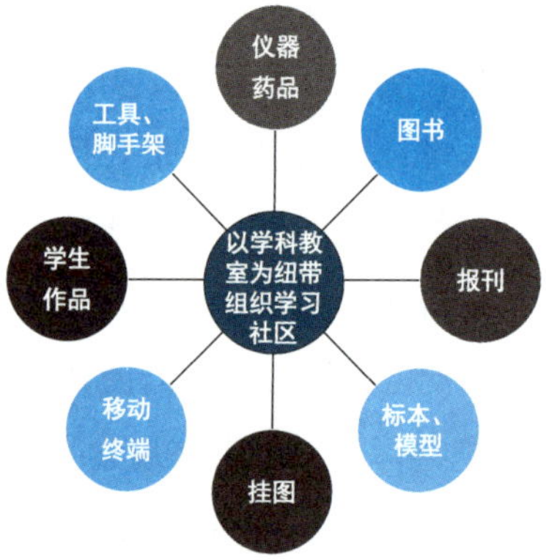

学习社区为学生提供的学习资源

（5）在课堂上开展项目式学习可以激发学生内动力

我们以一个模型（图 2-10）来说明人是怎样进入学习的，学习怎样才能真实发生。

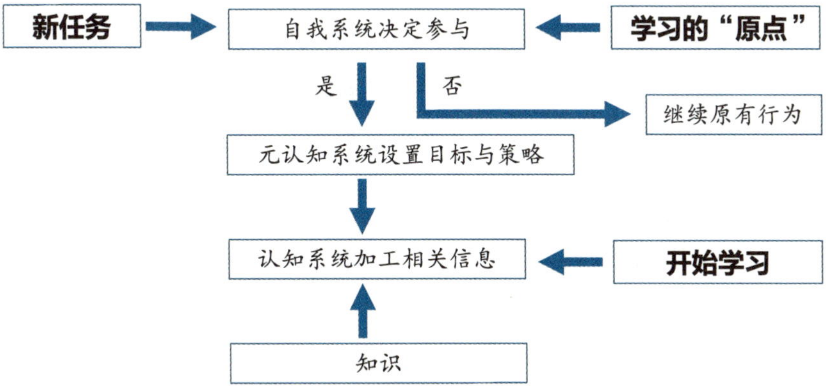

图 2-10 人类学习行为的模式[①]

由图可知，当学生面对一个新任务时，如果他决定不介入，那么他会继续当前行为；如果他决定介入，就会开启他的自我系统，调动他的元认知系统建立完成任务的目标和策略，采取各种方式努力完成任务。那么什么样的任务才能让学习者决定介入呢？我想，应该是有意义、有可能、有意思、有挑战的任务，如项目任务等。因此，对于教师来说，要想激发学生的学习动机，设计一个颇有“诱惑力”的项目至关重要。

2. 在课堂上开展项目式学习的主要误区

误区 1：有项目作品就是项目式学习

作为一个单元或章节结束后的作业（如展示、表演、附加实践或例证等），学生利用课下时间完成一个项目（又称之为“甜点”），作为巩固旧知的一种方式，即学以致用，这不是真正意义上的项目式学习。项目式学习不是国家课程的“附属品”，而是“主菜”，它本身就是教学方式。项目式学习以驱动性问题为核心，激发学生学习知识的内动力，用项目作品回应驱动性问题的解决（图 2-11），体现“用中学、做中学、创中学”的理念，即用以致学，这才是本书所倡导的真正意义上的项目式学习的打开方式。

① ［美］马扎诺等：《教育目标的新分类学》，高凌飚等译，教育科学出版社 2018 年版，第 11 页。

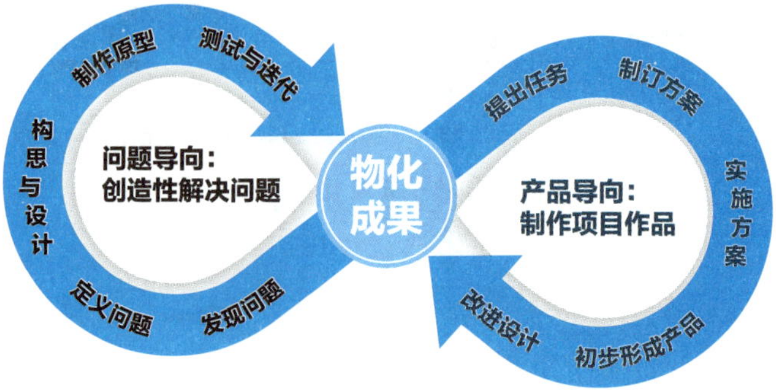

图 2-11　项目式学习的问题解决和物化成果之间的关系

有些项目虽然有项目作品，但是知识的介入是一次性的，物化的成果也是一次性的，如对垃圾的处理，如果只对垃圾进行简单改造，将废旧报纸做成手提包，那就是“花边项目”[①]，并未触及价值观的灵魂。在国际上经典的垃圾主题项目中，前端会加上对垃圾来源的考察，链接“我”（每个人）作为垃圾源，让学生收集一周的垃圾，中期加入对不同类型垃圾的产生原因和处理方式的探索，预测不同类型垃圾的降解时间，后端会让学生生成与垃圾处理相关的经济设计、商业设计，由此让学生产生“垃圾是放错了地点的资源”的深度理解。这样的项目更加上位，对学生的价值观引导、情感和思维培育的价值也会更大。

误区 2：项目式学习弱化知识落实和知识体系建构，会影响教学成绩

项目式学习就像是 DNA，由两条链组成，一条是构建知识和概念，以概念促使知识结构化；另一条是项目实践，物化成果。项目式学习不是弱化知识，而是用另一种更生动的方式落实知识。在用项目包裹知识的过程中，存在知识被“打包”的现象，与项目无关的知识也能“搭便车”。这种设计不利于知识体系的构建，也不符合项目式学习的设计原则。对于无法融入且又必须学习的知识，可以通过在项目实施结束后单独设计一个微项目，或与其他知识整合设计一个微项目来“补救”。

随着学段的提升，大部分学生的学习兴趣和动机都开始不断下降，但是

① 夏雪梅：《项目化学习设计：学习素养视角下的国际与本土实践》，教育科学出版社 2021 年版，第 3 页。

在项目式学习中不太会出现这种情况，甚至一些成绩不好的学生或者老师眼中的“问题生”，也可以在项目式学习中表现得非常优秀，他们参与的积极性以及对成果和过程的质量追求都很高。所以从长远来看，项目式学习会对学生的成绩产生积极影响。

研究表明，项目式学习在提高学生学业成绩方面等同于甚至略优于其他教学方法。[①]国外大量研究实践表明,项目式学习不仅可以提高学生学习成绩，而且对思维能力、深度学习能力、跨学科学习能力、可持续发展能力等具有很好的促进作用。《中国高教研究》发表过一篇名为《项目式学习能否提升大学英语教学成效——针对干预实验研究的元分析》的文章，该文章对项目式学习在大学英语教学中的效果进行了系统分析。研究发现，项目式学习对大学英语教学效果，包括词汇教学效果、听说教学效果和读写教学效果，均有显著的正向影响。

误区 3：所有知识都适合做项目式学习

概念性知识最适合进行项目式学习，程序性知识也可以进行项目式学习，事实性知识不适合项目式学习。在针对程序性知识设计项目式学习时，由于程序性知识带有自动化的性质，如果只是就程序性知识来学习，是很难迁移的，因此在设计项目式学习时，要挖掘程序性知识背后隐藏的概念、原理，如图 2-12 所示。

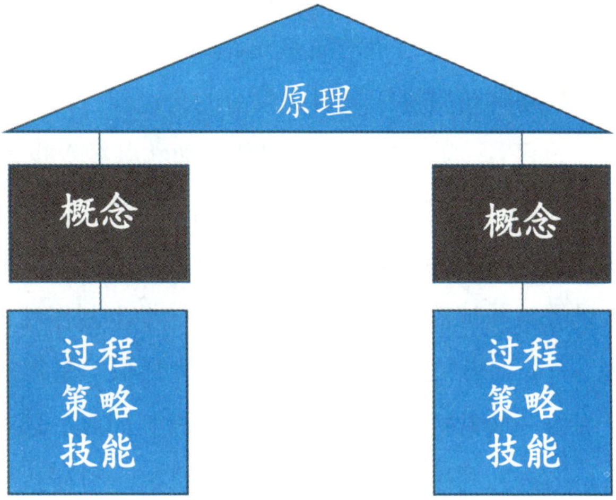

图 2-12　程序性知识的层级结构

例如，在制作不倒翁玩具这个项目中，如果仅仅让学生按部就班

① ［美］巴克教育研究所：《项目学习教师指南——21 世纪的中学教学法》，任伟译，教育科学出版社 2008 年版，第 6 页。

地制作一个不倒翁玩具，学生可能习得了步骤和流程，但没有理解重心和不倒翁之间的关系，这样的制作没有意义。如果让学生理解不倒翁背后所蕴藏的重心概念，学生就会将这种理解迁移到其他陌生情境中去，创造出自己的不倒翁玩具。[①]

项目式学习并不适用于教授基本技能，如阅读、计算等能力，不过项目式学习能够为学生应用这些技能提供场景。

误区 4：量规是项目式学习评价的全部

在课堂上开展项目式学习，教师最大的困惑来源于项目式学习中对学生学习的评价。项目式学习的评价方案，需要根据项目式学习的特征以及深度学习的理念拓展思路来设计。要采用评价主体多元（特别是自评）、标准适宜和方式多样的形成性评价与终结性评价，对项目的全过程进行多主体、多视角、多维度的评价。在项目式学习的评价中，教师需要时刻反思和校准：是否从关注差距到欣赏差异，做到“没有差生，只有差异”；是否关注项目作品的个性化，做到“没有不好，只有不同”；是否从甄别、选择到激励和促进，做到“没有不能，只有可能”；是否具有多轮迭代的意识，做到“只有更好，没有最好”。这恰恰是项目式学习的价值与魅力。因此，项目式学习既包括对学习结果的简单测评和学业水平考试，还包括基于量规的表现性评价，将评价贯穿于项目式学习的全过程，持续推动探究。

误区 5：实施项目式学习需增加学科经费投入，加大教学成本

在课堂上推进项目式学习，制作项目作品时不会加大经费投入。我们的实践做法有三种：第一，设计项目产品草图时要标注所需材料的种类名称、数量等，并核算成本，通过量规引导学生制作性价比高的项目作品（实例见表 2–3）。第二，引导学生利用身边环保、易得的材料制作项目作品，教师只提供一些常规性的工具和通用的材料用具，还有日常生活中不易获得的材料。第三，利用博物馆、科技馆、高校、科研机构、社区、企业等的资源进行项目式学习，减少项目投入。

① 夏雪梅：《项目化学习设计：学习素养视角下的国际与本土实践》，教育科学出版社 2021 年版，第 38 页。

表 2-3 制作“班级雨伞架”项目设计与制作评价量规[①]

评价维度		指向评价的知识与能力	评价标准
图纸设计		会绘制雨伞架草图，能尝试绘制施工图；能结合审美进行产品的设计与制作；能按照图纸用不同材料制作班级雨伞架模型	☆：只有结构图 ☆☆：有标记材料的结构图 ☆☆☆：标记材料并写出设计意图的结构图
作品效果	容量大	知道改变材料可以改变物品的功能；会用已有的简易方法计算占地面积	☆：收纳小于等于 10 把伞 ☆☆：收纳 11~24 把伞 ☆☆☆：收纳大于 25 把伞（包括 10 把长伞）
	易取放	能寻找合适的材料，用剪、挖、粘等方法组合装置收纳雨伞	☆：不分区，取放不方便 ☆☆：分区，但取放不方便 ☆☆☆：分区且取放方便
	能排水	了解塑料、水等常见物质的属性，能综合运用所学的科学知识解决雨伞排水等问题	☆：雨伞的水不能排掉 ☆☆：雨伞的水可以排掉，但不方便 ☆☆☆：排水方便
	占地小	了解塑料、水等常见物质的属性，能综合运用所学知识解决雨伞占地等问题	☆：超出规定范围 ☆☆：不超出规定范围 ☆☆☆：占地面积小于 21 格
成本控制		计算所需吸管的规格和数量，并在设计图上准确标注，同时计算出成本	☆：透支（大于 9 元） ☆☆：成本控制在 9 元 ☆☆☆：有结余（小于 9 元）
分工合作		实事求是，善于分享，会沟通，能接纳别人的意见，会反思，会作出自我评价并调整	☆：不能合作完成任务 ☆☆：分工有序，按时完成任务 ☆☆☆：分工合作，高效提前完成任务

误区 6：重成果展示轻表达，尤其是书面文字表达

在项目式学习的展示环节，教师组织学生展示项目作品时，往往重视物化成果的展示，也就是说重视有形产品的展示，但忽视口头表达（即兴、临众演讲）和书面表达。表达有助力于反刍学习过程，深化学生对学习内容的认知，促使学生进行深度反思。文字表达可以提高学生的写作能力，培养学生的逻辑性、严谨性等科学思维，为了提高学生的书面文字表达能力，我们还可以让学生撰写项目产品说明书。

① 参见管光海：《STEM 教学设计与评价》，教育科学出版社 2022 年版，第 153 页。

误区 7：分组教学形式大于内容

小组合作学习是项目式学习的标配。通过创建多样的小组，激发小组的内动力，营造积极的沟通氛围和协作关系，可以培养学生的社会情感能力。

由图 2–13 可知，若运用小组讨论的学习方法，学生对知识的保持率可以达到 50%；若在组内进行互讲或“兵”教“兵”，即教别人，效率是最高的，对知识的保持率可以达到 90%。但是在实际操作中，有些教师为合作而合作，合作的形式大于内容，有的老师还缺乏对小组合作学习的评价，不能发挥小组合作学习的优势。

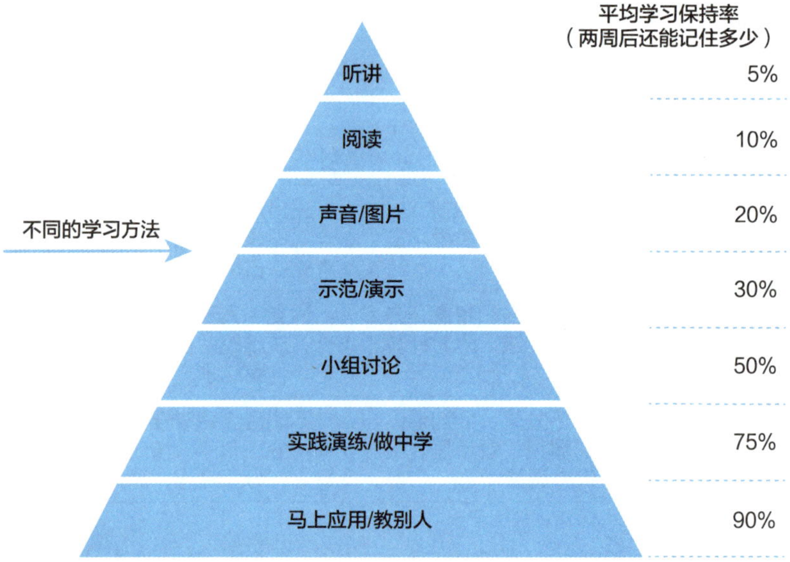

图 2–13　学习金字塔理论图[①]

误区 8：教师的项目而非学生的项目，项目过于复杂

有些学校研发的项目式学习过于复杂，情境太虚，离学生太远，或不符合学情，导致在实操的过程中，学生不感兴趣，缺少持久的动力。因此，建议教师在选题时，要基于学情，进行问卷调研，选择学生喜欢且“跳一跳”就能完成的项目。

---

① 姜艳玲等：《学习成效金字塔理论在翻转课堂中的应用与实践》，《中国电化教育》2014 年第 7 期。

误区 9：项目式学习既要有本质问题，也要有驱动性问题

项目式学习的核心是创造性地解决问题。项目式学习的驱动性问题是项目式学习的“灵魂”和主线，既能激发学生的内动力，又能引导学生持续思考，使学生明确探究实践的方向，从而拉动项目全程。我们查阅了大量文献，如《项目学习教师指南》、《项目式学习指导手册》、《转变教育主题：HTH20 年创新性学习项目精选集》①等，发现在项目式学习实践中，几乎所有的研究者都在提驱动性问题②，提出本质问题的较少，二者之间的异同比较如表 2–4 所示。

表 2–4　本质问题和驱动性问题的异同比较

名称	面向者	特点	举例	二者关系
本质问题	教师	指向大概念或跨学科概念，一般是抽象的、深奥的	我们如何用英语讲好“中国故事”？	将本质问题转化为适合学生的驱动性问题，激发学生主动、积极投入
驱动性问题	学生	有趣、亲和、友好，有挑战性，代入感强	怎样录制一个短视频向外国小朋友介绍你的家乡？	

我们在项目单元的教学设计时，可以设计本质问题和驱动性问题。但是在实施项目式学习的过程中，在给学生提供项目式学习指南或任务单时，必须要有驱动性问题，不建议向学生提供本质问题。

误区 10：项目式学习具有排他性

项目式学习可以与其他教学法搭配，在资源有限的条件下，充分利用现实中的真实问题，设定任务，组织项目，在真实的情境下培养学生的问题解决能力。巴克教育研究所根据实践得出结论：做项目并不意味着要抛弃传统的直接讲授法，而是应根据项目的学习目标综合运用多种教学策略。相反，项目式学习本身的复杂性，决定了多种教学方式或者研究方式能同时出现、

① ［美］DLC 深度学习中心组编：《转变教育主题：HTH20 年创新性学习项目精选集》，陈西金燕等译，机械工业出版社 2023 年版。

② 夏雪梅：《项目化学习设计：学习素养视角下的国际与本土实践》，教育科学出版社 2021 年版，第 55 页。

综合运用的特质。[①]

基于项目式学习，我们研发了 17 种课堂样态，经常使用的教学法有 30 余种。

3. 在课堂上开展项目式学习的挑战

挑战一：如何解决课时紧张，在实施项目式学习时不能增加课时的问题

与传统的教学方式相比，在课堂上开展项目式学习除增加了导引课、展示课以外，为了保障物化成果的质量，还要在课堂上设计草图、制作项目作品，因此每个项目单元都要增加至少 4 节课。如果在课堂上开展项目式学习，课时的压力是非常大的。为了节约课时，可以采用以下几种方法：

（1）借助翻转课堂的理念，统筹利用课内和课外时间。由图 2–14 可知，将课堂的自主学习前置到课前，将授课内容移到课后，作为预习内容，引导学生进行自主学习和意义建构，为提高课堂学习效率奠定基础。课上进行探讨协作和评价交流（图 2–15）。翻转课堂能将充足的时间留给学生，重在培养学生的能力，有利于学生充分掌握知识，将知识主动运用到学习情境中，完成学习任务。

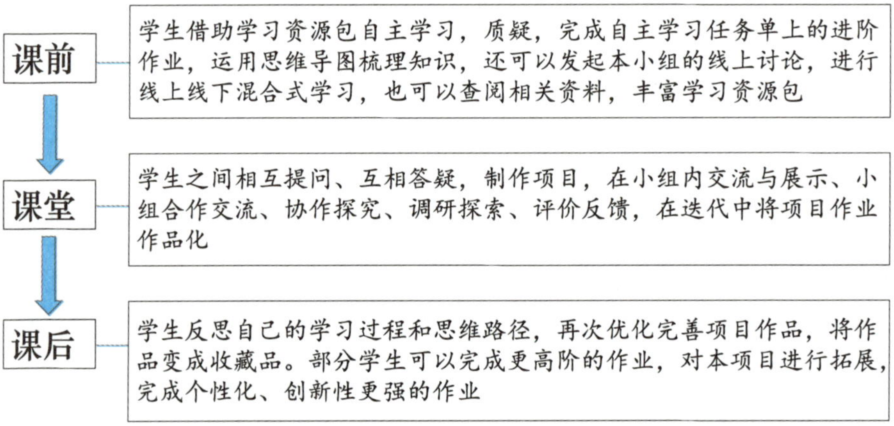

图 2–14　翻转课堂的教学流程

① 桑国元等：《项目式学习教师手册》，北京师范大学出版社 2023 年版，第 20 页。

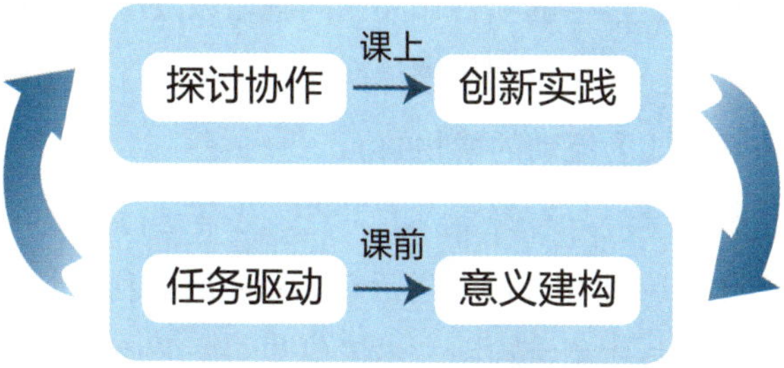

图 2-15　翻转课堂新方式[①]

（2）依靠课程方案整合劳动课程、综合实践活动、地方课程、校本课程。整合后的课程在实施时总课时比例在 14% 至 18% 之间，且这些课时可统筹集中或分散使用，这也为学校开展综合性、跨学科的项目式学习提供了重要依据和时间保证。各个学科可以与劳动课程、综合实践活动、地方课程、校本课程整合，设计在课堂上实施的项目式学习，不仅将项目式学习作为优化中小学综合实践活动课程实施路径的重要抓手，让更多学科教师参与项目式学习的设计与实施过程，高质量地实施以上课程，还可以缓解在课堂上开展项目式学习时间紧张的压力。

（3）探索高阶思维纸笔测试。跨学科实践题型作为一种新的题型，出现在现在的命题中。在项目式学习实践中，我们将绘制草图等内容引入期中或期末大型考试中，作为跨学科实践的习题。这样不仅可以节约课时，还能够提高学生设计草图的质量。

除了以上三种方法，我们还可以压缩导引课的时间，如用 15 分钟左右的时间启动项目。对于表彰奖励环节，我们协调学校或年级，利用升旗等时间进行。这样不仅使表彰环节充满了仪式感，让获奖同学成就感满满，还能提高学生以后参与项目的积极性。

挑战二：如何解决在课堂上开展项目式学习，教室的布置不利于空间育人的问题

传统学校的空间布置需要优化，以满足在课堂上开展项目式学习的需要，如在教室外的墙壁上开辟项目墙，张贴正在实施的各个学科项目式学习的海

① 姜艳玲等：《学习成效金字塔理论在翻转课堂中的应用与实践》，《中国电化教育》2014 年第 7 期。

报、故事板或里程碑、学生的项目作品、问题墙以及学长的作品、项目式学习公约、规程等内容。还可以利用楼梯两侧或学校大厅的橱柜等处展示优秀学生作品等，让学校成为流动的博物馆。

挑战三：项目式学习具有跨学科的特点，如何进行跨学科教研

项目式学习作为一种综合性教学活动，具有跨学科的特点（表 2-5）。在项目式学习的设计与实施过程中，为了保证实施的质量，所涉及的学科必须进行跨学科协同教研（图 2-16），探索共建共享、学科联动的跨学科教研新模式，打造高水平教研共同体。涉及的学科要做到目标一体化、课程一体化、教研一体化、教学一体化、资源一体化、环境一体化、文化一体化。

表 2-5　项目式学习的跨学科举例

项目名称	整合的学科	牵头跨学科教研的学科
校园开心农场	生物学、化学、物理、地理、数学、语文、艺术、劳动、工程与技术等	劳动
设计简易制氧机	化学、数学、艺术、工程与技术等	化学
编制冬季校园树木维护手册	生物学、地理、数学、语文、艺术、技术等	生物学

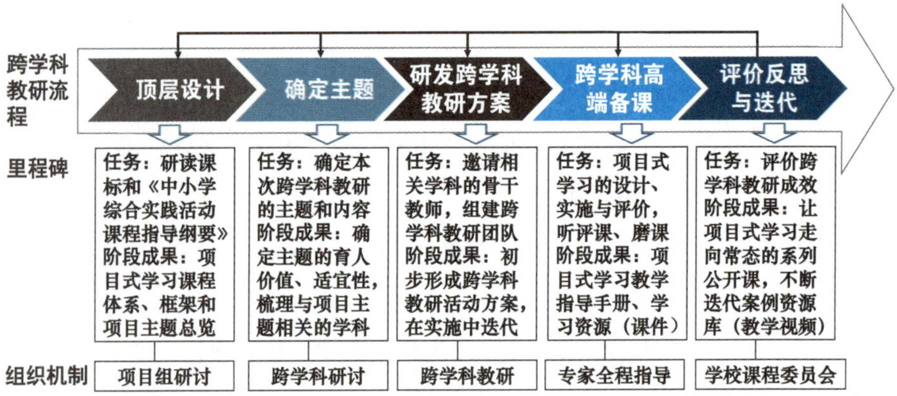

图 2-16　跨学科教研活动实施流程

挑战四：如何解决小组合作出现“搭便车”现象，甚至流于形式的问题

遇到个别学生不参与或消极参与小组活动的现象，我们可以通过项目式学习的共享目标和强调创造性生成的学习形式，共同回应驱动性问题，并在解决问题和生成产品的过程中明确角色分工，使其产生一种被需要感，从而促使学生深度参与到项目式学习中去。我们还可以利用小组考核评价机制，增强小组的凝聚力和向心力。

挑战五：教师如何驾驭项目式学习的课堂，做到“活”而不乱

在课堂上开展项目式学习，在确定驱动性问题以及项目的规划、执行、终结、复盘、反思的过程中，还要制作项目作品、小组讨论、画廊漫步、辩论、课本剧的表演等。我们主张所有学生都参与进来，并发出自己的声音，从而强化课堂所学知识在现实生活中的应用。因此，项目式学习中的课堂有笑声、有掌声、有喝彩声……显然，这样的课堂有点“乱”，甚至有时会出现乱哄哄的现象。这充分说明解决问题过程的重要特征是结果不确定，是解决结构不良的真实问题的应有状态，也恰恰体现了开放性学习过程的特点。那么，如何做到“活”而不乱呢？一是要明确规则，如以小组为单位讨论时要控制音量，不要影响其他小组的同学等；二是设置辅助工具，如制作音量提醒板提醒每个教学活动的音量；三是制定班级制度，对于大声喧哗、吵闹、跑跳、追逐者不仅要给小组扣分，还要给个人扣分。

挑战六：怎样在课堂上开展项目式学习

在课堂上开展项目式学习，我们倡导以教科书的教学单元为锚点重构项目单元，重组教学内容，在此基础上进行项目式学习的设计与实施。经过对国内外各种版本的教科书的梳理，总结出项目式学习的实施方式有启动型、学以致用型、用以致学型等，如表 2-6、表 2-7 所示。我们所倡导的项目式学习的设计要求比较严格，它是一种相对理想的状态——用以致学型。当然，在不违背项目式学习基本原则的情况下，可以将项目式学习与日常教学进行整合。既可以是项目引领，然后再学习知识，最后做项目，即学以致用型；也可以在讲授知识时嵌入做项目。这些组合虽然在一定程度上牺牲了项目式学习的部分价值取向，但可以降低项目式学习的实施难度，可能会更适合当

前学校的实际情境，可以将其作为项目式学习启动阶段的一种策略。

表 2-6　项目式学习的实施方式

途径	实施方式	举例
启动型	在单元或章的首页，从项目内容、实施指导、成功标准等方面整体介绍项目实践，从而启动单元教学	美国初中主流理科教材《科学探索者》
学以致用	在学习完一个单元或一个章节后设计并制作一个项目作品，以达到通过制作而非练习来巩固所学的目的	2024 版的各学科教材大都以此种方式呈现
微项目嵌入	融合一至三节的教学内容，用项目包裹知识，体现项目逻辑，体验一个完整的、真正意义上的项目式学习	教师在使用教科书时创造性使用教科书，进行内容整合
用以致学	用项目包裹知识，将学科逻辑、学习逻辑和项目逻辑融为一体，在做中学，用中学，创中学	山西教育出版社的项目学习实验教材《化学》

表 2-7　几个版本教科书对项目式学习的呈现

 2020 年 7 月印刷《科学探索者》（第三版）的章首页介绍本章的核心思想、驱动性问题、本章预览和本章课题[①]	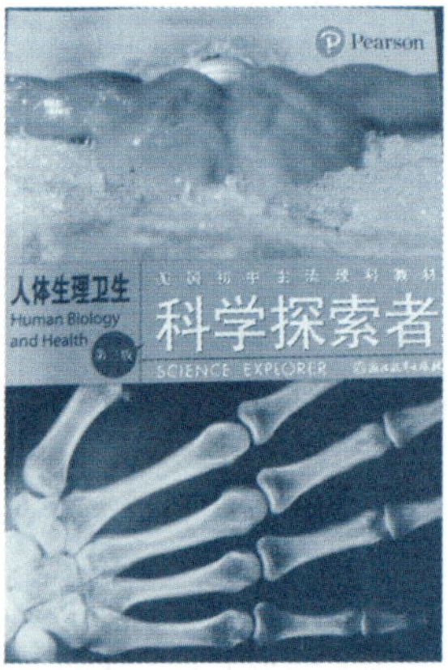	

① ［美］帕迪利亚：《科学探索者》，黄赛花等译，浙江教育出版社 2020 年版。

续表

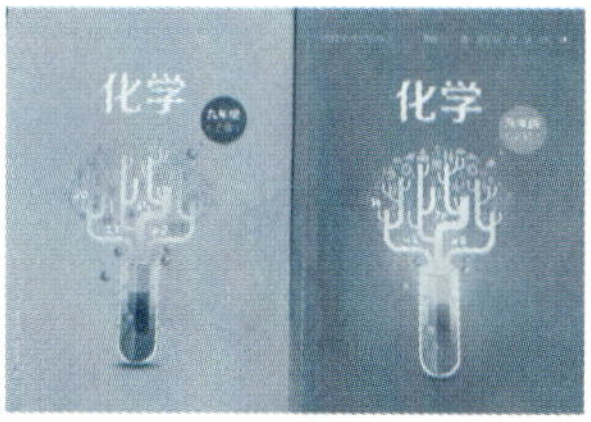 国内首套项目式学习教材，让项目式学习走向常态成为可能[①]		

目前在全国范围内推行高质量、严格意义上的项目式学习的时机还未成熟，很多教师对核心知识把握、学习支架设计的理解还有待深化。基于课程标准、立足学科、扎根课堂，将课堂学习与未来个人生活、校外真实世界建立关联，让项目式学习在更多课堂中生根、开花、结果，本土化探索与实践让项目式学习走向常态，还有很长的路要走。

① 王磊：《化学》，山西教育出版社 2020 年版。

章“彩蛋”

微项目　我是超级小辩手：细菌和真菌的功与过

驱动性问题：细菌和真菌的功大于过，还是过大于功?

项目任务：撰写辩论词，在班内组织辩论赛，辩论细菌和真菌的功与过。

所需课时：2 课时。

育人价值：该项目要求学生有意识地应用生物学科核心知识，整合语文等其他学科的知识（图 2-17、图 2-18）。

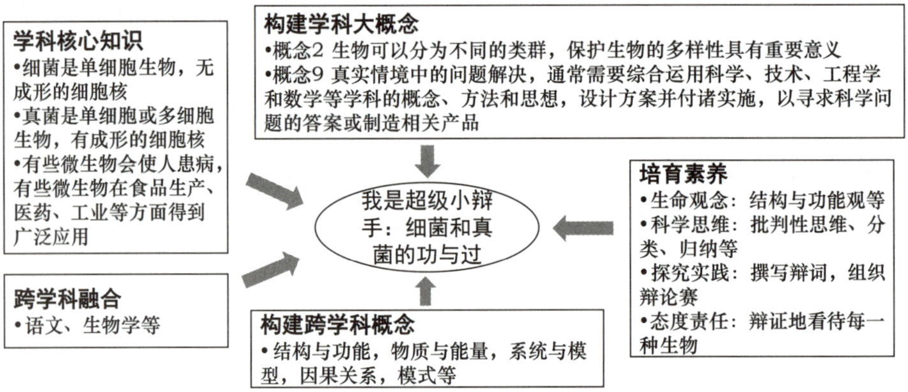

图 2-17　“我是超级小辩手：细菌和真菌的功与过”项目的育人价值

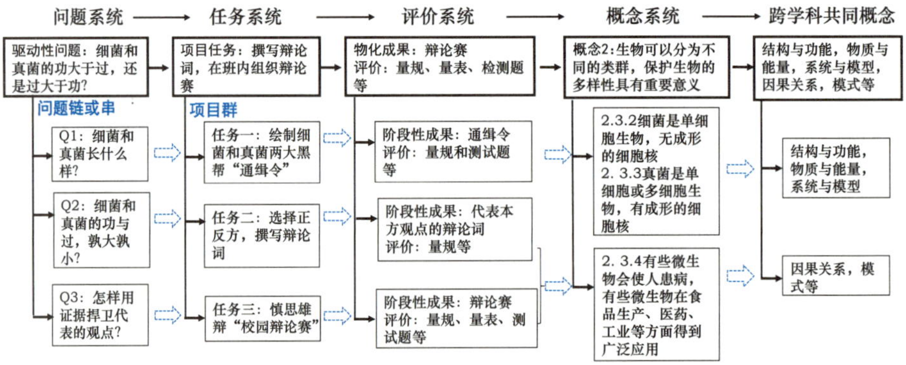

图 2-18　“我是超级小辩手：细菌和真菌的功与过”项目的内容结构

项目结构：本项目通过驱动性问题和项目任务构建概念系统，使核心知识结构化。

学习目标：基于《课程标准》和其他各个学科的课标设计了本项目的学习目标（表 2–8）。

表 2–8　“我是超级小辩手：细菌和真菌的功与过”的学习目标

学习目标	生物学课程要培养的核心素养
(1)通过绘制细菌和真菌两大“黑帮”“通缉令”，概述细菌和真菌的结构及其生理功能，能从结构与功能观的视角描述细菌和真菌在物质循环中的作用 (2)通过分析细菌和真菌与动植物之间的关系，从进化与适应观的视角，阐述不管是对人类有益的还是有害的，都是长期进化、适应环境的结果	科学思维、生命观念、探究实践、态度责任
(3)通过撰写辩词、组织辩论赛等活动，说明细菌和真菌与动植物和人类的关系，能在项目实践中，全面、客观地评价细菌和真菌的功与过	科学思维、探究实践、态度责任

教学过程：

第一课时

教学环节	师生活动	学生活动	设计意图	资源支持
创设情境，明确项目任务	【活动 1】教师出示腐烂的苹果的图片，提出问题。 想一想：苹果腐烂的原因是什么? 说一说：以苹果腐烂为例说明细菌和真菌的功与过 【活动 2】教师小结：从收获果实的角度来看，微生物有过；从增加土壤肥力的角度来看，微生物有功 【活动 3】教师宣布项目主题和项目任务。 项目主题：“我是超级小辩手：细菌和真菌的功与过” 项目任务：以班级为单位组织辩论赛，辩论细菌和真菌到底是有益的，还是有害的。作为小辩手，请挑选一方的观点，撰写辩词	学生分析并回答教师提出的两个问题。学生初步树立全面、客观地评价细菌和真菌的功与过的意识。初步确定选择正方（细菌和真菌的功大于过），还是反方（细菌和真菌的过大于功）	温故知新，激活学生的思维。培养学生辩证地分析问题的能力，培养学生的批判性思维	学生生活中丰富的感性认识，如腐烂的苹果等

续表

<table>
<tr><th>教学环节</th><th>师生活动</th><th>学生活动</th><th>设计意图</th><th>资源支持</th></tr>
<tr><td>项目实施
任务一：温故知新，激活思维</td><td>【活动 1】教师出示韦恩图，引导学生比较细菌和真菌的异同

【活动 2】教师和学生一起小结，完成韦恩图
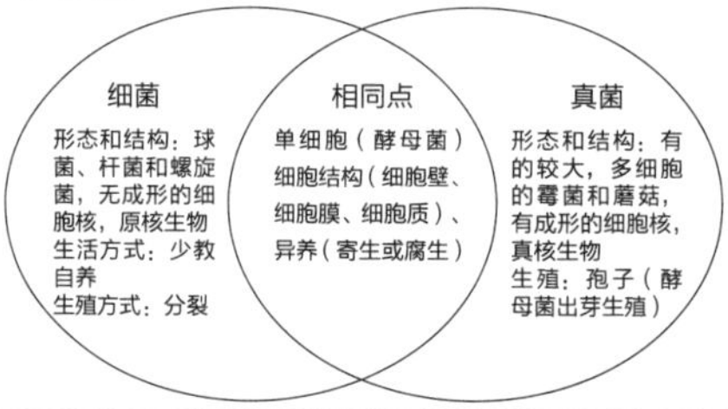
</td><td>学生比较二者的异同，为细菌和真菌“画像”</td><td>复习旧知，借助支架，比较细菌和真菌的异同点，并通过营养方式的不同，为后续的探究打好基础</td><td>支架“韦恩图”
教材第 66 至 78 页</td></tr>
<tr><td>任务二：问题驱动、自主学习</td><td>【活动 1】教师出示自主学习任务：自主学习教材第 79 至 82 页，圈画关键词，回答以下问题：
1. 细菌与真菌为什么能够促进物质循环？
2. 细菌和真菌能使人患病。因此，有人谈“菌”色变。你认可这种做法吗？并说出理由。
3. 哪些细菌和真菌被称为动植物的“伴侣”？这些细菌和真菌为什么被称为动植物的“伴侣”？
【活动 2】教师组织学生小组讨论以上问题的答案，再以小组为单位汇报以上三个问题的答案
【活动 3】教师在学生回答问题的过程中穿插讲解，突出重点和突破难点
【活动 4】教师出示“学以致用”内容：
1. 判断
（1）绝大多数细菌和真菌能将有机物分解成无机物，是生态系统的分解者。（ ）
（2）只要有细菌和真菌，人和其他生物就会患病。（ ）
（3）生活在牛羊胃肠内的细菌，不但不引起牛羊患病，还对牛羊有好处。（ ）
2. 细菌和真菌将动植物的遗体分解为二氧化碳和水，这一过程属于哪一生理过程？（ ）
A. 光合作用 B. 呼吸作用
C. 蒸腾作用 D. 吸收作用</td><td>学生进行自主学习，限时 8 分钟

学生以小组为单位交流与讨论教师提出的问题，并积极回答

学生思考并积极回答问题

学生小结：应客观、辩证地看待细菌和真菌与动植物的关系</td><td>培养学生的自主学习能力

培养学生从不同的角度分析问题的能力

运用所学知识解决生活中的实际问题</td><td>教材第 79 至 82 页

教材插图“细菌、真菌在物质循环中的作用示意图”

教材技能训练“评价实验方案”</td></tr>
</table>

续表

教学环节	师生活动	学生活动	设计意图	资源支持
任务二：问题驱动、自主学习	3. 有些细菌和真菌寄生在动植物体内，使它们患病，有些细菌和真菌却与动植物体共生。我们应怎样看待细菌和真菌与动植物之间的关系呢？ 4. 过多服用抗生素，会对肠道内正常菌群产生什么影响？ 5. 完成教材第 82 页技能训练“评价实验方案”的三个讨论题。 6. 在农业生产中，人们常常通过种植豆科植物来提高土壤肥力，从而提高作物的产量。这是为什么？ 教师重点讲解： 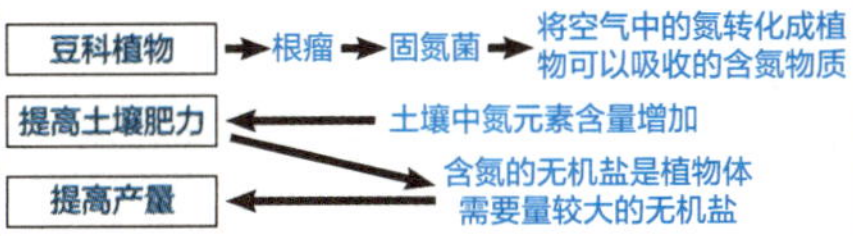 【活动 5】教师拓展讲解：干燥的岩石或树皮上，长有灰绿色、硬壳状的植物斑块。这种生物的名称是地衣，这种生物干燥、无生气，但生命力很强。被喻为“拓荒者”“先锋植物”	学生根据科学探究实验的三大原则来评价实验方案，即单一变量原则、重复性原则和对照性原则 学生利用因果关系图梳理问题答案 学生内化理解教师讲授的内容，进一步理解结构与功能相适应	渗透进化与适应观。 引导学生选择健康的生活方式 构建跨学科概念“因果关系” 通过拓展地衣的知识，获得关于共生的感性和理性认识	支架：框架图 教材插图“图 5－51 地衣”
推荐课后作业	教师布置课后作业，内容如下：设计与绘制“缉拿细菌和真菌两大黑帮的通缉令”。某些细菌、真菌是某种疾病的“罪犯”和“元凶”。以扁桃体炎或足癣为例设计通缉令。内容包括： 1. 描述“罪犯”的生长所必需的条件。 2. 提炼“罪犯”的关键特征，以便人们找到它。 3. 提出惩罚“罪犯”的方法或措施	学生记录作业，课下完成作业	激发学生兴趣，通过设计“通缉令”，培养学生的跨学科实践能力	学长的项目作品

第二课时

教学环节	师生活动	学生活动	设计意图	资源支持
任务一：展示与评价实践作业	【活动 1】学生以小组为单位，评选出小组最优秀的作业，举全组之力进行优化 【活动 2】展示各组优化后的实践作业，其他小组进行评价与批判性反馈	学生介绍自己的作业,再互评	评价与反馈优秀作业，培养学生批判性思维	学生作业、评价量表
任务二：撰写辩论词	【活动】教师组织学生分成正方和反方两个大组，小组长根据辩论赛规则进行组内分工，撰写辩论词	学生根据分工准备辩论内容，撰写辩论词等	从正反两个方面辩证地看待问题，全面客观分析细菌和真菌	电脑、网络、书籍等
任务三：组织辩论赛	【活动 1】教师组织辩论赛 【活动 2】评选优秀组和最佳辩手等 【活动 3】对优秀小组和个人进行表彰 【活动 4】组织正方和反方小组进行反思	学生参与辩论活动	把课堂还给学生，给学生展示的机会	计时器，奖品，各方评委等
推荐课后作业	进一步探究：利用课后时间调研，调查细菌和真菌在生活中的应用	学生完成课后作业	培养学生的动手实践能力	学长的项目作品

附件：评价量规（表 2-9）。

表 2-9　辩论赛的评价量规

维度	优秀级	良好级	待改进级
辩论内容 40%	□辩论个人针对立场有完整的证据链条，有说服力 □有细节证据支持，资料来源标注清楚，帮助观众了解与辩论主题相关的知识 □整个团队有整体逻辑框架,呈现模式富有创意	□辩论个人针对立场有证据，说服力一般 □有基本的证据支持，资料来源标注不全，有一至三处缺失，能在某种程度上帮助观众了解与辩论主题相关的知识 □整个辩论团队主要观点有整体逻辑框架，呈现模式创新性一般	□辩论个人针对立场证据不足，没有说服力 □重要资料来源没有标注,很少有细节证据支持 □整个辩论团队主要观点缺乏整体逻辑框架，呈现模式没有创新

续表

维度	优秀级	良好级	待改进级
观点陈述 30%	□吐字清晰，语言有感染力，切合主题 □易于观众理解，且表现出自信	□吐字较为清晰，语言得体，有少量失误 □个别失误，但不影响观众理解，较为自信	□说话有时不清晰，语言使用单一，失误较多 □有犹豫、紧张，不太自信
时间管理 20%	辩论时间严格按照规定	辩论时间略微超时或少于规定的时间	辩论时间超时严重或远少于规定的时间
语言和着装等 10%	□通过眼神、肢体语言和表情等表达辩论者的活力和激情 □着装能增强辩论效果	□大部分时间有眼神交流，在使用肢体语言和表情时有些做作 □着装得体，与观点契合	□偶尔有眼神交流，肢体语言和表情等使用较少，且不自然 □着装与辩论主题不符

第三章 项目式学习设计框架

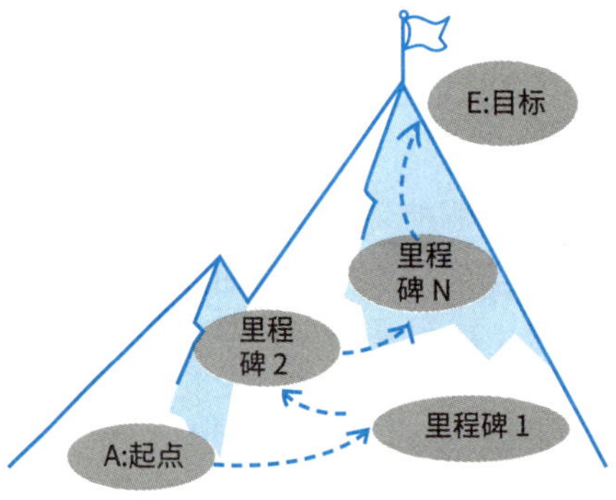

图 3-1 项目里程碑示意图

如图 3-1 所示，登山爱好者由 A 出发，到达 E，有以下三种情况。第一种情况：不告诉登山爱好者终点和距离等信息，只告诉他到达山顶。第二种情况：告诉他终点、距离，并每隔 300 米设置一个里程碑，他可以边攀登边看里程碑，每前进 300 米还有一个小的庆祝活动。第三种情况：邀请登山爱好者参与路线规划。

显然，与第一种情况相比，第二种和第三种情况更好。

项目式学习的过程就像爬山，选择不同的路线和时间，看到的风景也不同，登山的高度也会有差异。作为“项目设计师”的我们，不妨借鉴第二种和第三种情况的设计思路：有目的地，有路线安排，有里程碑，有小的复盘、庆祝等活动，还可以邀请学生参与设计，让学生知晓学习目标，真正理解学习的完整性和实现目标的过程性。

为了让登山爱好者在终点集合，设计师还应提供景点介绍、路线图、登山工具，以帮助登山爱好者既能根据自己的喜好和能力选择合适的路线和工具，又能保证最终顺利到达山顶。

一个项目就像是一场旅行，也有开始、中途和结束，图 3-2 所示是项目式学习的路径[①]，该路径共分为四个阶段。

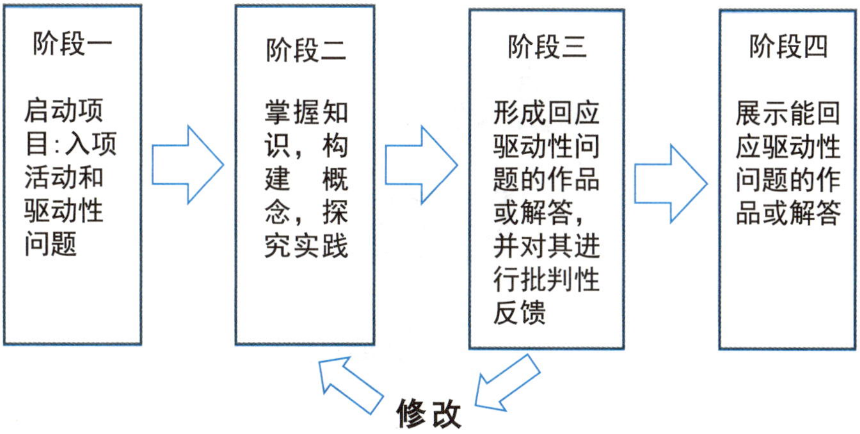

图 3-2　项目式学习的路径

项目式学习的功能强大、专业性强，遵循科学的设计逻辑和规划严谨的实施步骤。由于它是“舶来品”，要想进行本土化实践，无论是在设计层面还是实施层面，都有一定的挑战性。

如果你苦恼于没有足够的课时开展项目式学习，那是因为你在潜意识里依然将项目式学习视为一种活动，且这种活动并不能完成学科学习目标。这是对项目式学习的一种误解，如果我们在设计项目式学习的目标时能够与《课程标准》对应起来，就会解决这一问题。格兰特·威金斯认为，传统的教学设计存在两种误区，覆盖教材内容和活动导向教学，这两种设计共同的盲区是缺乏对学习目标的澄清，最终只是获得惰性知识或粗浅经验。[②]

为了在课堂上开展项目式学习，实现理解性学习，基于《课程标准》，以终为始（目标导向和结果导向）的逆向设计尤为关键。好的项目不是凭借运气创造的，好的项目需要严密的计划，包括从一开始就应对学习目标和预期结果进行规划，这就是以终为始的逆向设计过程，如图 3-3 所示。逆向设计的流程是：首先确定学习目标即预期结果，接下来应当确定评价目标是否

① ［美］美国巴克教育研究院项目式学习计划：《项目式学习指导手册》（中学版），潘春雷等译，中国人民大学出版社 2023 年版，第 114 页。

② ［美］格兰特·威金斯等：《理解为先模式——单元教学设计指南》（一），盛群力等译，福建教育出版社 2018 年版，第 11~12 页。

达成，最后再根据学习目标与证据安排学习体验和教学，实现“学习者目标—表现性任务——致性评估”三者的一致性。①

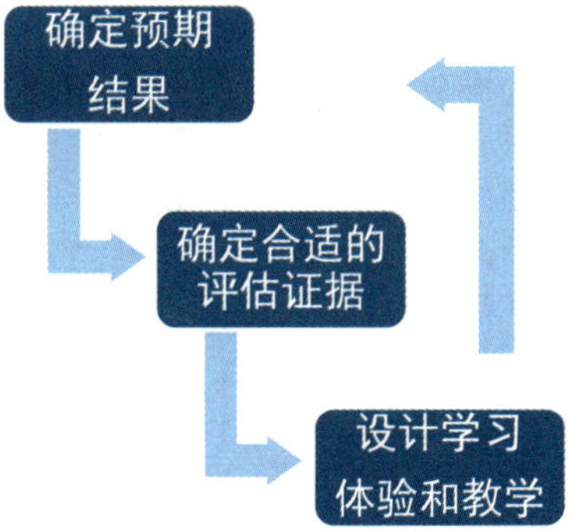

图 3-3　逆向设计的三个阶段

一个项目就是一个学习单元，就是一个微课程。根据项目的大小和周期的长短，可以将项目式学习分成微项目、项目和大项目。不管是哪种项目类型，我们都要从课程的视角设计项目式学习，需集中体现目标、内容、实施和评价的一致性，体现“以终为始”的逆向设计理念。

表 3-1　不同类型的项目

种类	涉及学科	时长或课时	价值	举例	
				项目名称	课时
微项目	以学科内的核心知识、关键概念或能力为载体，一般是单学科小项目	一至三课时	作为项目式学习走向常态的有益补充，对于一些无法整合到项目中的核心知识，可以开展微项目	我是超级小辩手：细菌和真菌的功与过等	2
项目	一般会涉及其他学科，一般是基于学科、跨学科的	一般三至五周的学科课时量	在课堂上开展项目式学习以此种形式为主，体现对学科的本质性理解	制作简单的水火箭等	8
大项目	多学科参与，打通学科的壁垒，一般是超学科的	六周以上，长达一学期，甚至更长时间	借助校外和社区资源参与的综合实践活动、研究性学习	植物种植或动物养殖类项目等	2个月至一年不等

① ［美］格兰特·威金斯等：《追求理解的教学设计》（第二版），闫寒冰译等，华东师范大学出版社 2017 年版，第 19 页。

我们基于“UbD”理念，提炼了项目式学习本土化逆向设计的七个核心要素：确定项目主题，规划课时数；聚焦跨学科概念和大概念，提出驱动性问题；基于课程标准，设计学习目标；设计评价方案；设计学习体验和教学，细化课时分配；研发“超市化”学习资源，提供课时学习资源包；设计反思支架，引导学生持续反思。根据以上七个核心要素编制了项目式学习设计的指南，如表 3-2 所示。

表 3-2 项目式学习设计的指南

步骤	核心要素	编制要点
第一步	确定项目主题，规划课时数	1. 项目主题是整个项目单元的组织者，整合不同学科，统摄课程内容 2. 必须要有明确的课时数，统筹规划课内和课外时间
第二步	聚焦跨学科概念和大概念，提出驱动性问题	1. 基于课程标准，结合项目主题，确定项目实践能够构建的跨学科概念和大概念 2. 提出能够拉动学习全程、具有挑战性的驱动性问题
第三步	基于课程标准，设计学习目标	1. 基于课程标准，依据学情，制定符合项目式学习特质的学习目标 2. 学习目标要做到清晰、适切、可操作、可测评 3. 学习目标的设计要从三维目标走向素养导向
第四步	设计评价方案	1. 评价即学习，评价即育人。将评价任务嵌入学习任务中，评价任务就是检测学习目标是否达成学习任务 2. 学习任务多元，评价任务也多元，评价方式也多样 3. 评价方案包括评价目标、评价任务、评价标准等要素
第五步	设计学习体验和教学，细化课时分配	1. 实现由学科逻辑转向学习逻辑（项目逻辑），用项目包裹知识 2. 促进学生自主学习和高阶思维发展，培养学生社会情感能力 3. 统筹规划导引课、探究课和展示课三种课型的课时分配
第六步	研发“超市化”学习资源，提供课时学习资源包	1. 研发各种学习资源，提供项目支持，如路径、任务单等 2. 学生既是资源库的使用者，也是资源库的建设者。学生可以将他们的作品或整理的资料作为资源充实资源库
第七步	设计反思支架，引导学生持续反思	1. 对接素养目标，设计反思支架 2. 在项目式学习推进的过程中，反思和评价一以贯之

以上七个步骤并不是线性的，在进行阶段性评价时，可以随时调整项目

规划。下文将结合案例说明如何使用“七步法”系统设计项目式学习。

1. 确定项目主题

在设计项目时，常有教师会问这样的问题：我是先从课程标准或教科书的教学单元内容入手构思项目主题，还是先从一个能吸引学生的问题或一件想要创作的作品入手设计项目主题，再决定关联哪些学习内容呢？

答案是两者均可。项目主题是打开项目大门的“金钥匙”，不仅能将相关学科以一定的逻辑整合起来，成为整合各个学科的“黏合剂”，还能体现项目式学习的综合性，由课程逻辑走向学习逻辑，如图 3–4 所示。

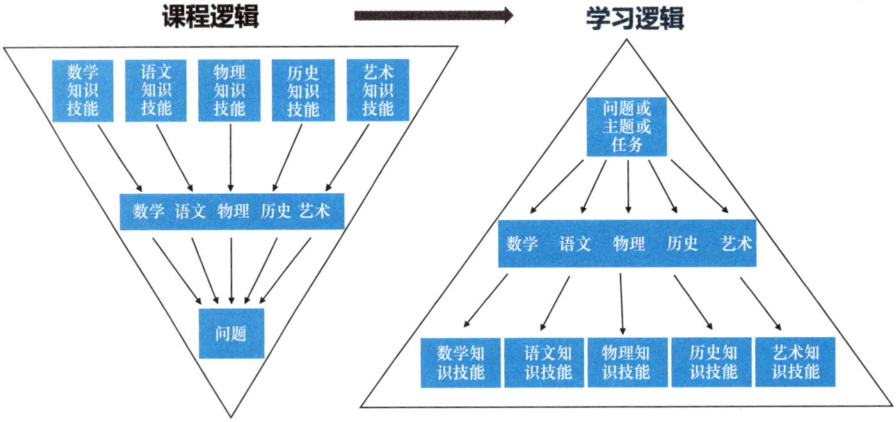

图 3–4　由课程逻辑走向学习逻辑（引自北京市十一学校原校长李希贵的报告）

由图可知，传统的课程逻辑是先学习各个学科的知识和技能，再创设一定的情境，运用所学知识解决生活中的问题，属于“学以致用”。项目式学习的学习逻辑是以项目主题为统摄，用到哪些学科就整合哪些学科，再将相关学科的知识结构化，包

> **设计小贴士：**
>
> 选择学生感兴趣的项目主题
>
> 项目选题不是选择教师感兴趣的主题，而是要体现以学生为中心，让学生觉得这个项目是他们自己的项目，有趣、好玩。也就是说，在项目选题时要体现客户思维，要充分调研学生的需求，利用学生的热情。

裹在项目中，以一种更生动的方式学习知识，属于“用以致学”，即“用中学”“做中学”“创中学”。

（1）项目主题的确定

项目主题十分重要，它不是凭空产生，也不是随意确定的。那么，怎样寻找有创意的主题呢？

①从各科的《课程标准》中选题

《课程标准》是规定某一学科的课程性质、目标、内容与实施建议等的教学指导文件。在课堂上开展项目式学习时，《课程标准》是设计项目式学习的重要依据。如果项目式学习脱离了《课程标准》，就变成了锦上添花的课外实践活动，看似热闹，实则缺乏生命力。因为这样的活动无法帮助教师保质保量地按时完成授课任务。

《课程标准》为项目式学习的选题提供了丰富的资源。2022 年版各个学科的《课程标准》都单列了一个学习主题——跨学科主题学习或跨学科实践等。如《义务教育生物学课程标准（2022 年版）》在“课程实施”中指出：应整体规划跨学科实践，探索项目化实施[①]。在各学科《课程标准》的跨学科主题学习中都有主题、内容要求、教学提示、学业要求等，它们为跨学科主题学习的落地指明了清晰的路径。

有些跨学科主题学习的主题“项目味”十足，如科学学科的“制作水火箭”，既指向项目作品，又体现工程学实践，蕴含高阶思维，如类比思维、设计思维，体现完成项目作品涉及的限制性因素，如用水提供动力等，可以直接作为项目主题。有些跨学科主题学习的主题需改造后，方可作为项目主题，如将数学学科的“设计调查方案”嵌入“为学校食堂开设窗口提建议”项目主题中。有些学科则直接给出项目主题，如化学学科不仅直接给出项目主题“基于特定需求设计和制作简易供氧器”，还在《课程标准》最后附了该项目主题的实践案例等。这样的选题方式降低了选择项目主题的难度。

① 中华人民共和国教育部：《义务教育生物学课程标准（2022 年版）》，北京师范大学出版社 2022 年版。

表 3-3　各科《课程标准》推荐的主题与项目主题的设计

学科	部分学科《课程标准》推荐的跨学科主题学习的主题	项目主题
数学	数学连环画；绘制公园平面图；营养午餐；回家路线示意图；制订分类标准；制订旅游计划；设计调查方案	绘制“X”公园平面图等
英语	与化学整合的“调查大气污染”；与道德与法治整合的“探析中华传统节日”；与历史、生物学等整合的“走进博物馆”	为家乡一日游制作英语宣传视频等
科学	制作简易小乐器；制作小杆秤；制作简易木桥；制作清洁能源小车；制作简易风力发电装置；简化净水器；制作水火箭；智慧城市模型；基于物联网的数字模型	制作简易太阳能热水器等
物理	举办关于我国古代科技发明的作品展览；举办“简易滑翔机制作比赛”；制作简单的水火箭；举办“新材料研制与应用报告会”	设计一个节能环保小屋等
化学	选择燃料，设计奥运会火炬；设计海报或制作短视频宣传低碳生活、水资源保护等；调研汽车材料的变迁，设计未来汽车的材料；为特定年龄或职业的人群设计均衡膳食食谱；基于碳中和理念设计低碳行动方案	基于特定需求设计和制作简易供氧器等
生物学	制作可调节的眼球成像模型，提出保护眼健康的方法；设计并制作能较长时间维持平衡的生态瓶；制作水族箱，饲养热带鱼；制作实验装置，模拟吸烟有害健康；饲养家蚕，收集我国养蚕的历史资料；制作泡菜，探究影响泡菜亚硝酸盐浓度的因素	设计简单装置，制作酸奶等
信息科技	在线数字气象站；无人机互联表演；向世界介绍我的学校	解密玩具汉诺塔等
劳动	纸工；泥工；布艺；编织；陶艺；印染；皮影；木版画；木工；金工；电子；基于学校文化和师生需要开展学习用品设计	编制冬季校园树木维护手册等

分析上表，我们不难发现，不同的学科在确定跨学科主题学习的主题时有交叉和重合。鉴于此，我们还可以整合不同学科相似的跨学科主题学习的主题，来规划项目主题，如数学《课程标准》中推荐的跨学科实践主题“营养午餐”、化学《课程标准》中推荐的项目式学习主题“为特定年龄或职业

的人群设计均衡膳食食谱”、生物学课程标准中推荐的项目式学习主题“制订合理的膳食计划”、劳动课程标准的任务群“烹饪与营养”，这些主题都与“营养食谱”有关。我们就可以整合以上学科，确定跨学科项目主题“为父母设计营养午餐食谱”，再比如数学、生物学、化学、地理等学科中都有与“碳中和”有关的跨学科主题学习，我们可以整合以上学科，确定跨学科项目主题“基于碳中和理念设计低碳行动方案”等。①

②在《中小学综合实践活动课程指导纲要》推荐的主题中选题

2017 年 9 月，教育部发布《中小学综合实践活动课程指导纲要》，推荐了中小学综合实践活动主题 152 个，可从中选择 46 个项目主题（表 3-4）进行项目式学习的设计与实施。其中有些主题可以与相应的学科课程内容进行整合，规划项目主题。如用计算机做科学实验可以和理化生课程结合，模型类项目的设计与制作可以在科学、数学等学科中实施，劳动技术主题可以在劳动课程中实施。

表 3-4　中小学综合实践活动推荐主题汇总与项目主题的设计

类别		综合实践活动主题	项目主题举例
考察探究活动		1. 跟着节气去探究；2. 生活垃圾的研究；3. 我是“非遗”小传人；4. 零食（或饮料）与健康；5. 合理安排课余生活；6. 家乡特产的调查与推介；7. 学校和社会中遵守规则情况调查；8. 带着问题去春游（秋游）；9. 探究营养与烹饪	解密 24 节气中的传统文化等（整合的学科：语文、道德与法治、地理、生物学等）
社会服务活动		1. 我是校园志愿者；2. 我做环保宣传员；3. 做个养绿护绿小能手；4. 农事季节我帮忙；5. 参与禁毒宣传活动；6. 交通秩序我维护；7. 做农业科技宣传员	制作禁毒宣传海报等（整合的学科：生物学、化学、艺术等）
设计制作活动	信息技术	1.“打字小能手”挑战赛；2. 简易互动媒体作品设计；3. 手工制作与数字加工；4. 我的电子报刊；5. 镜头下的美丽世界；6. 组装我的计算机；7. 我是平面设计师；8. 制作我的动画片；9. 开源机器人初体验；10. 体验物联网	3D 打印细胞模型等（整合的学科：数学、生物学、信息科技、艺术等）

① 中华人民共和国教育部：义务教育各学科《课程标准（2022 年版）》，北京师范大学出版社 2022 年版。

续表

类别		综合实践活动主题	项目主题举例
设计制作活动	劳动技术	1. 我有一双小巧手——手工纸艺、陶艺；2. 我有一双小巧手——制作不倒翁、降落伞、陀螺等；3. 创意木艺坊；4. 设计制作建筑模型；5. 创意设计与制作（玩具、小车、书包、垃圾箱等）；6. 我是服装设计师——纸模服装设计与制作；7. 创作神奇的金属材料作品；8. 设计制作个性化电子作品；9. 摄影技术与电子相册制作；10. 基于激光切割与雕刻的创意设计；11. 立体纸艺的设计与制作	为自己喜欢的老师制作一把瓦楞纸椅子等（整合的学科：技术、劳动、艺术、物理、道德与法治等）
职业体验及其他活动		1. 走进博物馆、纪念馆、名人故居、农业基地；2. 我是小小养殖员；3. 创建我们自己的“银行”（如阅读、道德、环保）；4. 我喜爱的植物栽培技术；5.“信息社会责任”大辩论；6. 制定我们的班规班约；7. 走近现代农业技术；8. 制定自然灾害应急预案及演练；9. 我的毕业典礼我设计	我是学校“诚信超市”经理等（整合的学科：数学、道德与法治、艺术等）

③从日常生活、身边的现象与问题中选题

项目式学习并不是一种单纯的“利己性”学习，而是一种促进生态和谐的“互利性”学习，它为学习者提供了与真实生活对话的机会，并帮助学习者看到自我，感受他人，与周围的人、事、物共生共长。[①] 鉴于此，我们的项目主题可以来自各种各样的情境，如生活现象、新闻事件等。

首先，我们可以引导学生观察与思考身边的现象与问题：传播全球的流行病、校园霸凌行为的增加、社区垃圾分类等。这样项目主题就会“送上门来”，如针对校园霸凌行为，我们可将项目选题定为“杜绝校园欺凌行为”。

其次，从时事热点、流行文化、重大新闻中选题。当学生看到某个社会热点问题时，就会想着怎样解决它，如网上有一则新闻：2020 年高考结束后，湖南留守女孩钟芳蓉报考北大考古系引起热议。这不但使得原本冷门的考古专业再度被社会讨论，也使得考古圈中那一本本极具价值的考古发掘报告重回人们的视野。通过这则新闻，可设计“我是小小考古学家”为项目主题，项目任务为：作为一名考古学家，考察中国境内著名的人类遗址，发掘史前

① 桑国元等：《项目式学习教师手册》，北京师范大学出版社 2023 年版，第 76 页。

时代中国境内人类的活动，阐释中华文明起源和发展轨迹。（以上案例来自北京市十一学校孙鸿金教师）

最后，国际学生译估项目（Program for International Student Assessment, PISA）2025 科学评估的背景关注健康、环境、资源等，我们可以将其中的社会性议题和科学性议题开发为项目主题，对学生进行科学、技术、社会、环境教育，即 STSE 教育，如开展转基因食品辩论赛等（表 3–5）。

表 3–5　PISA2025 科学评估的背景与项目主题 ①

维度	个人	地方 / 国家	全球	项目主题
健康与疾病	保持健康、营养与疫苗接种	疾病控制、社会传播、食品选择、肥胖、社会健康	疫情大流行、食品安全与健康生活方式	绘制疫情大流行地图等
自然资源	个人物质消费、食品类型与能源；消费当地生产的食品	维持人口、生活质量、食品的生产与分配、能源供给；矿业与职业开采的环境影响；可再生能源的生产	能源的可再生和不可再生，自然系统，人口增长，物种与土地的可持续使用；生物多样性与价值	组织生物多样性的展览等
环境影响与气候变化	循环再生、可持续实践以及减少自然资源的使用	人口分布、废品管理、环境影响；使用可再生农业	环境可持续性、污染和空气质量管理、土壤 / 生物量流失；物种的大规模灭绝；海洋酸化	我是垃圾分类宣传员等
灾害	生活方式选择的风险评估	快速变化（地震、恶劣天气等）、缓慢渐进变化（如海岸侵蚀、沉积）、风险评估；面部识别	气候变化带来的威胁、现代通信的影响、能源及其生产（如水力压裂法、核能、天然气）	制作海报，科普气候变化带来的威胁等
当代科学与技术进步及挑战	新技术使用的科学层面，例如基因编辑、虚拟现实	新材料、设备和工艺、基因改造、卫生技术、运输、人工智能的使用	探索空间、宇宙的起源和结构	策划组织一场“基因编辑”辩论赛等

① PISA2025 science framework (second draft), https://pisa-framework.oecd.org/science-2025/assets/docs/PISA_2025_Science_Framework.pdf, 2023-06-15.

④基于教材的教学单元进行选题

教材中的教学单元是以学科逻辑进行编写与呈现的，在教材中选择适合进行重构项目单元的教学单元，提炼项目主题，然后考虑可以展现学生《课程标准》掌握情况的项目作品，最后再重组教学内容，进行项目式学习的设计。这是在课堂上开展项目式学习最可行的路径之一；再将与项目无关的内容设计成微项目（表 3–6）。

表 3–6　物理、化学和生物学对教材教学单元的项目单元重构

课程领域	项目课程名称
生物学（人教版教材）	项目一：3D 打印细胞模型；项目二：我是“能量大富翁”桌游设计师；项目三：饲养斑马鱼——受精卵成长记；项目四：遗传规律大揭秘；项目五：探究“变”与“不变”的秘密；项目六：年夜饭之舌尖上的生物多样性
化学领域（人教版教材）	项目一：设计简易制氧机；项目二：小纳米奇遇记——基于元素、分子、原子认识物质世界；项目三：从刀耕火种到现代文明；项目四：金属版画的制作；项目五：食盐的旅途；项目六：优化厨房计划
物理领域（人教版教材）	项目一：制作退热贴；项目二：小小鉴宝师；项目三：冬奥会中的“速度与激情”；项目四：照亮小镇；项目五：小小调音师；项目六：攀岩中的力学原理；项目七：确定嫌疑人 X；项目八：自制潜水艇；项目九：古代机械智慧；项目十：水火箭争霸赛；项目十一：多种多样的身高测量仪；项目十二：设计电子温度计；项目十三：安全用电生活指南；项目十四：自制电磁起重机；项目十五：解密月球悬浮灯

注：物理学科的项目主题由梁雪薇设计，化学学科的项目主题由张泽仙规划。

（2）项目主题的撰写

项目主题的描述要言简意赅，直指项目作品，凝练项目式学习的核心内容和内在逻辑，同时还要体现项目式学习的活动性和可操作性。一般用“动词 + 名词”或“形容词 + 名词”等形式，字数为 10 个左右，也可以加副标题。

（3）对项目主题的评价

通过对《课程标准》《指导纲要》和社会生活现象的研究，我们确定了一个项目主题，然后从多个角度对这个主题进行审视与评估，重组教学内容，

反思其适切性。评价表如下表 3–7 所示。

表 3–7 项目主题的评价表

评价维度	一级指标	自评（打√）
基于课程标准	承载各学科的核心知识，关注学科的大概念，促进大概念的持续性、综合性理解	是□ 否□
真实、有意义	具有真实性，紧密关联学生的生活，让学生切实感受到项目实践的意义和价值	是□ 否□
有意思	在推进项目的过程中，学生对这个项目始终感兴趣，感觉“好玩”，而不仅是教师认为好	是□ 否□
有可能、有挑战	综合考虑挑战性和可行性，可操作性强	是□ 否□
科学性	具有科学性，项目产品符合伦理道德	是□ 否□

我们可以用以上评价表评价“学校设计师”和“水火箭争霸赛”两个项目主题，看哪一个更适合在课堂上开展。

表 3–8 项目主题“学校设计师”和“水火箭争霸赛”评价表

评价维度	学校设计师	水火箭争霸赛
项目任务	校园内部分设施空间布局陈旧，大量空间闲置，造成资源浪费。通过调研师生意见确定了改造意见，设计图纸，制作模型及竞标汇报等工作	设计制作更为安全的水火箭，要考虑飞行高度，保证水在足够大的压力下喷出而产生足够的反推力等。在构建数学模型时，研究空气与水的最优比例。制作水火箭，集中展示进行比赛
基于课程标准	是□ 否☑	是☑ 否□
真实、有意义	是☑ 否□	是☑ 否□
有意思	是☑ 否□	是☑ 否□
有可能、有挑战	是☑ 否□	是☑ 否□
科学性	是☑ 否□	是☑ 否□

项目实践“学校设计师”没有明确指向哪一学科的课程标准，只是在调研师生需求的基础上对校园进行再设计，适合在课外实践活动中组织实施。项目实践“水火箭争霸赛”明确指向物理或科学学科的课程标准，落实“力”的有关知识，可以在物理或科学的课堂教学中开展。

2. 设计拉动学习全程的驱动性问题

项目式学习的核心是创造性地解决问题，项目式学习是问题驱动的，而不是项目驱动的。因此，驱动性问题是推动学生进行持续探究的原动力，就像“灯塔”一样激励学生，指引学生向项目目标前进。因此，驱动性问题应是项目式学习的价值指向。

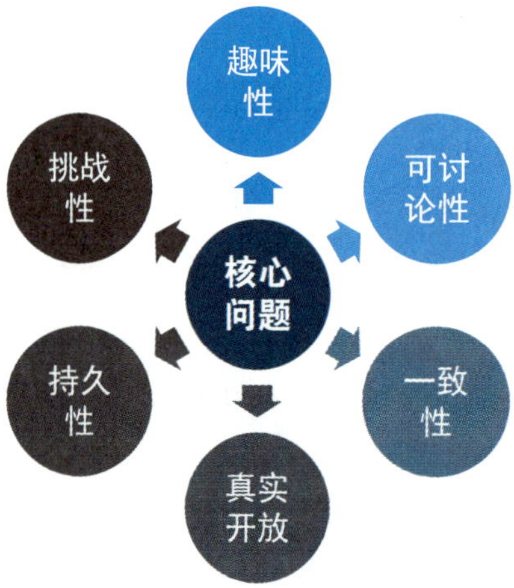

图 3-5 驱动性问题的特点

好的驱动性问题能够引起学生对项目的好奇心，拉动项目式学习的全程，贯穿项目始末，使学习不断进阶。驱动性问题具有趣味性、挑战性、持久性、真实开放性、一致性和可讨论性。这些特点也是评价驱动性问题的依据（图 3-5）。

（1）驱动性问题的设计

设计一个好的驱动性问题，是一件很“烧脑”的事情。埃里克森等人提出三种类型的问题：事实型问题、概念型问题和争论型问题。事实型问题一般有封闭的答案。虽然它是解决概念型问题和争论型问题的基础，但是它不可以被看作驱动性问题。概念型问题可以“链接”到大概念上，可以转化为驱动性问题。争论型问题具有开放性，没有固定的答案，考查学生论证的充分性，能够激发学生讨论的兴趣。最终通过讨论和争论，将思维“桥接”到具有更大深度和可迁移的大概念上。[①] 提出驱动性问题的途径如下：

① 夏雪梅：《项目化学习设计：学习素养视角下的国际与本土实践》，教育科学出版社 2021 年版，前言、第 62~63 页。

①教师将大概念转化为驱动性问题

大概念和驱动性问题就像一枚硬币的两面，大概念指向教师，驱动性问题指向学生。因此在设计驱动性问题时，教师可以先提炼大概念，再将大概念转化成驱动性问题（表 3–9）。

表 3–9 大概念转化成驱动性问题

大概念的来源	大概念	转化的驱动性问题
《新一代科学教育标准》	物质与能量	能量可以通过哪些方式在物体之间进行传递?
《以大概念理念进行科学教育》	生物体的遗传信息会一代代地传递下去	通过绘制家族遗传图谱，向他们介绍遗传信息是怎样传递给后代的
《义务教育生物学课程标准（2022 年版）》	生物与环境相互依赖、相互影响，形成多种多样的生态系统	创意制作一个生态瓶，向他人介绍生态瓶内的生物与生物、生物与环境是怎样相互依赖、相互影响的

提炼的驱动性问题，需要不断迭代、持续优化，如表 3–10 所示。

表 3–10 精炼驱动性问题

精炼前的驱动性问题	精炼后的驱动性问题
转基因食品是什么? 评析：问题的出发点不错，既涉及了生物学知识，也兼顾了当前热点	有没有必要担心转基因食品对我们生活的影响? 评析：这个驱动性问题与学生的食品安全问题联系了起来，学生可以聚焦到转基因食品对生态环境、生物多样性和伦理道德等的影响
在过去的 10 年里，我们居住的环境发生了哪些变化? 评析：这个问题综合了身边环境的变化，且与自己的生活息息相关，学生很喜欢	在过去的 10 年里，我们居住的环境如何影响我们的生活? 评析：修改后的驱动性问题，不仅涵盖了原有问题的内容，还增加了挑战性元素，直指问题对我们生活的影响，更有利于激发学生的思考
21 世纪，人工智能是如何改变人类社会的? 评析：这是个很好的问题，它能促使学生学习人工智能方面的知识，并实际运用所学知识	在 21 世纪，人工智能将会怎样改变我们的城市? 评析：这个问题更有意思，学生既要对现在的人工智能进行分析，也要对未来的技术变革及其可能产生的影响作出预期

需说明的一点是，有些学科的《课程标准》已提炼出了大概念，如生物学科等，但大部分学科的《课程标准》没有提炼出大概念。对于没有提炼出大概念的学科，学科组应查阅文献，智慧众筹，提出学科大概念。

②将争论型问题作为驱动性问题

在“全国项目化学习案例平台”几年之内收集到的 6 000 多份国内外项目化学习案例中，有将近 70% 的案例是在探讨与自我、日常生活和学科知识有关的话题，体现更为深切的社会关怀的主题较少。对国际上经典的项目化学习案例进行分析后发现，这些案例带有强烈的社会关怀，指向人类普遍关注的重大社会性、科学性议题。[①] 鉴于此，我们可以参考“PISA 2025 科学评估的背景”中的社会性议题和科学性议题提出的争论性问题，将其改造成驱动性问题，如“基因编辑的功与过”“其他星球上有生命吗？”。

③师生共同提出驱动性问题

“要想有一个好问题，就要有多个问题。”为了有多个问题，在项目式学习的导引课中，提出项目任务后，教师利用支架——STW 表（表 3-11），组织学生进行“头脑风暴”，提出各种问题。然后再根据好问题的标准进行小组讨论，评选出组内最好的问题。最后教师和学生一起归纳、概括出驱动性问题。在这个过程中，有的学生存在语句不通顺，甚至发言与项目主题没有任何关系的问题。越是这样，就越说明学生提出问题的能力需要培养与提高，教师需要在这个过程中加强指导与优化。

表 3-11　发现问题表（STW 表）

S 我看到了……	T 我想到了……	W 我想知道……
示例：下水道的井盖是圆的	示例：车轮也是圆的	示例：我想知道它们为什么都是圆的?

图 3-6 是在“发酵技术赋能‘大食物观’”的导引课中，学生利用项目

① 夏雪梅：《项目化学习的中国建构需要什么》，吴萍等：《跨学科项目经典案例：太空探索“家”》，教育科学出版社 2021 年版，丛书序 2。

式学习任务单发现的问题。

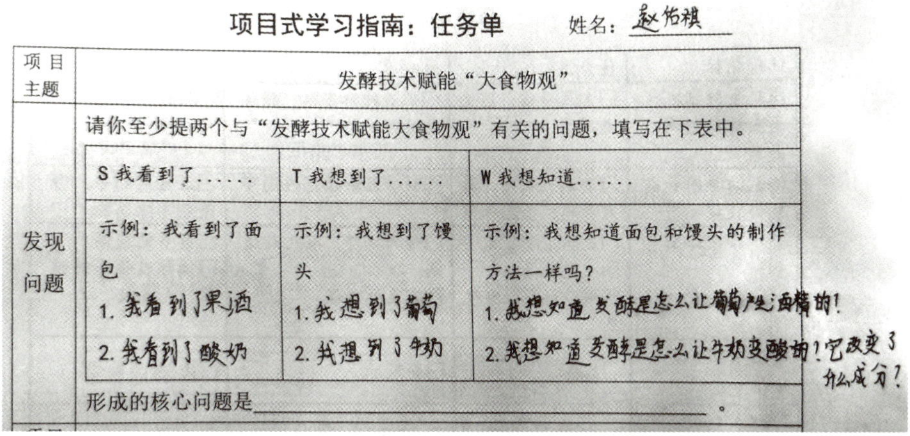

项目式学习指南：任务单　　姓名：赵怡祺

项目主题	发酵技术赋能“大食物观”
发现问题	请你至少提两个与“发酵技术赋能大食物观”有关的问题，填写在下表中。

S 我看到了……	T 我想到了……	W 我想知道……
示例：我看到了面包 1. 我看到了果酒 2. 我看到了酸奶	示例：我想到了馒头 1. 我想到了葡萄 2. 我想到了牛奶	示例：我想知道面包和馒头的制作方法一样吗？ 1. 我想知道发酵是怎么让葡萄产生酒精的！ 2. 我想知道发酵是怎么让牛奶变酸的？它改变了什么成分？

形成的核心问题是________________。

图 3-6　学生的项目式学习任务单案例

（2）对驱动性问题的评价

驱动性问题的质量高不高，这需要评价。我们可以借助评价表（表 3-12）评价驱动性问题。

表 3-12　驱动性问题评价表

评价维度	一级指标	评价（打√）
有意义	驱动性问题应该反映出现实生活中的真实问题，问题的解决具有现实意义	是□ 否□
有意思	有兴趣，引领学生深度学习与持续探究，与学科的《课程标准》的内容保持一致，确保驱动性问题能够引导学生学到必要的知识	是□ 否□
有可能	面向所有的学生，且在学生的最近发展区。驱动性问题在具有挑战性的同时还具有适切性和可行性	是□ 否□
开放性	驱动性问题的答案一般都是开放的，不能通过阅读教材或通过搜索引擎一键就能找到答案，还要考虑解决问题的时长、资源和学情	是□ 否□

我们可以利用评价表（表 3-13）评价驱动性问题“如何为一家大型商

超设计元旦促销方案”和“如何制订一个计划，既能保证校园内诚信超市的利润最大化，也能满足学生的需求”。

表 3-13　对两个驱动性问题的评价表

评价维度	对“如何为一家大型商超设计元旦促销方案”的评价（打√）	对“如何制订一个计划，既能保证校园内诚信超市的利润最大化，也能满足学生的需求”的评价（打√）
有意义	是☑ 否□	是☑ 否□
有意思	是□ 否☑	是☑ 否□
有可能	是□ 否☑	是☑ 否□
开放性	是☑ 否□	是☑ 否□

由表可知，“如何为一家大型商超设计元旦促销方案”这一问题离学生的“最近发展区”比较远，不是学生感兴趣的问题。

3. 设计学习目标

在设计项目式学习的驱动性问题的同时，应该考虑可能出现的成果、成果具有的关键要素和特征及其与目标的匹配度，然后再基于成果逆向设计项目过程。这就是我们平常所说的“以终为始，逆向设计”，即 UbD 理念。

我们的课堂、单元和课程在逻辑上应该以想要达到的学习结果为导向，从学习结果开始逆向思考，即从输出端开始思考教学。在这一阶段，我们需要考量学习目标，检视课程标准，并回顾学生的学情。没有任何一个阶段比这个阶段更重要，因为它要保证之后的学习活动和教学设计是有意义的。因此，这个明确预期的学习结果的阶段实际上就是确定学习目标的阶段。①

（1）设计素养导向的项目学习目标

学习目标是学习的出发点，也是学习的归宿，是一种先期预设。在制定

① 闫存林：《语文学习任务设计原理、方法与案例》，中国人民大学出版社 2023 年版，第 57 页。

项目式学习的目标时，我们既要考虑项目式学习如何与学科教学整合，还要考虑怎样依据课程标准培育学科核心素养。素养导向的学习目标是知识、能力与品格的综合体，具有“合金”的性质，使学生在知识世界和真实世界之间进行灵活的远迁移，对学生在当下和未来真实世界中的发展有持久作用和价值。①

为了体现学科核心素养，设计清晰、适切、可操作、可测评的学习目标，我们首先要对学习目标进行拆解，形成素养导向的学习目标拆解工具，如表3–14所示。

表3–14 学习目标的素养表达表

主题	知识	能力	品格	指向核心素养
……	……	……	……	……

根据表3–14，在拆解学习目标的过程中，首先，要以具体的学科知识和技能为基础，以学科学习方式和过程为支撑，以此建构概念和促进学生对大概念的理解。其次，科学思维也属于关键能力，在设计目标时，要在体验、认识及内化的过程中培养能力，发展思维。最后，在目标设计时，不仅要体现探究实践、创新创造，还要注意培养学生创造性解决问题的能力。

以“光合作用”为例对学习目标进行拆解，如表3–15所示。

表3–15 “光合作用”学习目标的素养表达

主题	知识	能力	品格	指向核心素养
光合作用	光合作用的原料和产物	设计探究实验方案的能力，科学探究能力，问题解决能力	科学精神、实事求是的科学态度	探究实践
	光合作用的概念	归纳、抽象等能力	知识是有用的，可以提高作物产量，也可以改变生活，提高生活质量	理性思维
	光合作用在生产实践中的应用	迁移、分析等能力		
	概念模型	概括、建模等能力	认识模型本质	

① 夏雪梅：《项目化学习质量评估：基于中国情境的建构》，教育科学出版社2024年版，第155~156页。

素养导向的学习目标应具有综合性、实践性和情境性。在撰写时有三个维度：一是预期的学习结果，二是学习的过程与方法，三是达成目标的具体表现。其句法结构可以概括为：经历/通过……（学习过程或方法），习得/理解……（结果），完成/形成……（表现）。例如，通过撰写作品梗概（经历），掌握写作梗概的技巧（习得），能用简洁的语言概述作品的内容（表现）。[①]再如，在“雨水花园”项目实践中，学习目标为：通过查阅资料、实地考察等活动，能阐释“雨水花园”的结构功能以及其中的能量循环，感悟可持续发展的理念，增强保护滨江生态环境的意识。这种目标的撰写方式体现了对学生理解的要求，以及基于理解要达成的态度发展。[②]

综上，光合作用的目标可以描述为：通过实验、归纳、概括、构建光合作用概念模型，理解光合作用的原理、在生产实践中的应用，认同知识的价值与意义。表3-16以“观察叶片的结构”为例进行三维目标与素养导向的学习目标的对比。

表3-16　学习目标的对比

三维学习目标	素养导向的学习目标
知识目标： 描述叶片的基本结构，说出表皮、叶肉、叶脉的结构组成及特点 能力目标： 学会制作菠菜叶下表皮临时装片，进一步熟练使用显微镜的方法 情感态度与价值观目标： 在理解叶片结构如何与光合作用功能相适应的过程中，认同结构与功能相适应的生物学观点 在观察实验的过程中，养成细致严谨、善于思考的科学品质	通过观察叶片的结构，能说出表皮、叶肉、叶脉的结构组成及特点，并推测其功能，认同结构与功能相适应的生物学观点，形成结构与功能观 通过观察实验，能正确操作显微镜，进行探究实践，养成细致严谨、善于思考的科学品质 通过观察多种植物的叶片，归纳出叶片的基本结构，构建叶片的结构模型，培养学生的科学思维

① 崔允漷等：《新课程关键词》，教育科学出版社2023年版，第35页。

② 崔允漷等：《新课程关键词》，教育科学出版社2023年版，第74页。

在撰写项目式学习的学习目标时，不仅要具有素养导向的学习目标要求，还要突出制作项目作品，培养学生的高阶思维和社会情感能力。下面是在课堂上开展的项目式学习——《构建昆虫生活史模型》的学习目标：

①通过对昆虫生活史的观察，收集数据，识别模式的相似性和差异性，预测新的昆虫下一阶段的生命状态。（目标评析：本目标融合了科学探究和科学思维，还在收集数据的过程中培养了学生的科学态度）

②通过比较从观察帝王蝴蝶和黄粉虫生活中收集的数据，对昆虫的生活史的证据进行论证，从而构建昆虫生活史的模型。（目标评析：建构数据驱动的解释和模型是“做项目”的难点，本目标关注对学生分析和解释数据能力的培养，这对于一个生活在充满信息的世界中的学生来说至关重要）

③利用数据解释校园里发现的蚂蚁数量，并设计一个能减少入侵该地区的蚂蚁数量的解决方案。在此过程中分析和解释数据，并提供证据证明动物继承其亲代的性状，以及这些性状在由相似个体组成的群体中存在变异。（目标评析：本目标关注跨学科学习和教学内容重组，不仅有昆虫的生殖和发育的知识，还有遗传与变异的知识，培养学生综合运用所学知识解决问题的能力）

项目式学习的学习目标在设计时要体现项目式学习的三大特征：第一，项目式学习要与学生的生活建立关联，发现真实的问题，让学生感到学习是重要的且有意义的；第二，学生通过与其他人员（教师、同伴、社区人员等）合作，持续探究和解决真实的、富有挑战的、符合伦理道德、有可持续性的驱动性问题；第三，学生使用技术进行研究，创作实物作品或其他作品，学生通过物化成果体现对驱动性问题的理解和回应，即作品可以解决学生所提出的问题。因此，在设计项目式学习的学习目标时，要体现真实情境、知识理解、合作探究、思维培养、迁移应用和实践创新等。

（2）对学习目标的评价

学习目标是项目式学习的灯塔，我们可以借助评价表（表 3-17）评价项目学习目标。

表 3–17　素养导向的学习目标评价表

评价维度	一级指标	评价（打√）
核心素养	指向核心素养，将涉及的学科核心素养在目标中体现，指导活动开展	是□ 否□
基于多个学科的《课程标准》	体现项目式学习的跨学科的特点，体现不同学科为达成目标所作的贡献。学习目标还要承载学科核心知识	是□ 否□
项目实践	突出实践创新，培养学生的设计思维、系统思维和创新思维	是□ 否□
描述方式	符合素养导向的学习目标格式要求，做到清晰、适切、可操作，反映真实情境和预测学习表现，使学习目标做到可教、可学、可评	是□ 否□

4. 研发评价方案

在课堂上开展项目式学习，有三种常见的课型，分别是导引课、探究课和展示课。这三种课型构成了项目式学习的骨架，评价一以贯之（表 3–18）。

表 3–18　三种课型的评价设计

三种课型		评价的类型	评价方法与工具	评价主体
导引课		形成性评价	启动项目阶段的评价：问卷、学生签到表、KWL 表、表现性任务表 发现问题和拆解问题阶段的评价：课堂观察表、画廊漫步、点赞贴、暖卡、冷卡 规划项目阶段的评价：对绘制里程碑、项目日历等表现性任务的评价，档案袋	教师、同伴、自评等
探究课	构建知识和概念	形成性评价与终结性评价	科学探究阶段的评价：下课通行证、课堂观察、纸笔测试（小测验、单元检测、学业水平考试）对学科实践等表现性任务的评价 构建概念阶段的评价：借助思维导图、反思支架等进行书面反思，档案袋	教师、同伴、自评等
	设计草图	形成性评价、增值评价	课堂观察表，对粗略的草图进行评价及批判性反馈，档案袋，项目监控表，画廊漫步	教师、同伴、自评、外部专家等

续表

三种课型		评价的类型	评价方法与工具	评价主体
探究课	作品制作	形成性评价、增值评价	课堂观察表，对过程性的社会实践类作业的展示，对项目作品完成的节点进行评价与批判性反馈，对最终展示的草图进行迭代，反思日志，档案袋	教师、同伴、自评等
展示课		终结性评价、增值评价	展示环节阶段的评价：公开展览与汇报（评价表见表），KWL 表，在线投票、批判性反馈及其评价、终结性评价等 复盘与反思环节阶段的评价：问卷调查（为学生提供对项目作出评价的机会）、档案袋 进一步探究环节阶段的评价：问卷调查、档案袋	教师、同伴、自评、外部专家、公众等

表 3-18 中的问卷调查是现代调查研究过程中的重要方式，主要用于评价品德发展、身心发展等。可从测评方式、组卷、题型、反应选项、措辞等方面不断创新、提高效率，做到公平有效。①

表 3-18 中的课堂观察可用于捕捉学生有价值的表现，课堂观察由不同阶段的不同行为构成，主要包括围绕观察目的选择观察对象、确定观察行为、记录观察情况、处理观察数据和呈现观察结果。

项目完成后，可按表 3-19 和表 3-20 进行评价。

表 3-19　项目成果作品评价表

评价指标	自评
指向《课程标准》中核心知识的学习	☆☆☆☆☆
构建大概念和跨学科概念	☆☆☆☆☆
培养学生的高阶思维（创新思维、批判性思维等）	☆☆☆☆☆
回答驱动性问题	☆☆☆☆☆
既有个体的努力与付出，也包含团体的智慧	☆☆☆☆☆
公开形式与范围既考虑项目成果，又考虑对学生的激发、激励	☆☆☆☆☆
评价的主体多元，邀请了外部专家、社区人员等尽可能多的人群	☆☆☆☆☆

① 王烨晖等：《PISA 问卷的最新发展趋势》，《中国考试》2020 年第 5 期。

表 3-20　项目完成后的自我评价[①]

项目名称：	学生姓名：	日期：
在这个项目中，我所完成的任务是：		
通过这个项目，我的学习收获是： 关于学科核心知识和概念： 关于小组工作： 关于开展调查研究：		
关于面对其他人进行演讲和展示：		
通过这个项目，我知道了自己的优势有：		
我知道自己还需要在以下方面继续努力：		
如果再做一次这个项目，我会做以下调整：		

我们知道预期的结果和学生要达成的学习目标后，如何知道学生是否已经达到了预期结果？有何证据证明学生已达成了目标？逆向设计告诉我们要引导学生“像评估员一样思考”，通过收集到的评估证据证实预期学习目标是否已经达成，通过有效的诊断与评估，不断发现问题，调整自己的学习，服务于学生的学习。

格兰特·威金斯等在《追求理解的教学设计（第二版）》中，将评价方案定义为“评估连续统 / 体”，如图 3-7 所示。

图 3-7　评估连续统 / 体

① ［美］巴克教育研究所：《项目学习教师指南——21 世纪的中学教学法》，任伟译，教育科学出版社 2008 年版，第 142 页。

由图 3–7 可知，评价方案不仅包括传统的评价方式，如随堂测试、学业水平考试、观察、访谈、课堂问答等，还包括对表现性任务实施的表现性评价。表现性评价不仅能检测素养，更重要的是能促进素养的养成。以上评价既有形成性评价，也有终结性评价。形成性评价既包括正式的形成性评价，也包括非正式的形成性评价，如表 3–21 所示。

表 3–21 形成性评价的形式表[①]

非正式的形成性评价	正式的形成性评价
下课通行证 书面反思 观察 在线投票 ……	课堂测验 课后作业（包括实践作业） 表现性评价 项目进度检查 …..

（1）评价方案的整体设计

项目式学习中包含真实且多样的评价任务，需要运用多种评价方法和工具。在设计评价方案时，一般运用逆向设计。评价目标的设计不仅可以基于学习目标进行提炼（表 3–22），而且可以根据导引课、子项目一、子项目二等中的关键节点结合学习目标进行提炼，还可以从知识、能力、学科实践、项目的阶段性成果和最终成果等方面进行提炼。这样的评价内容既要对学科实践活动进行评价，也要对最终的项目成果进行评价；既要对基础知识、基本技能进行评价，也要对创新思维、批判性思维、交流、沟通与合作等进行评价。评价的形式不仅要有过程性评价，也要有终结性评价。对于项目作品的迭代过程，还可以运用增值评价的形式来衡量学生的成长与进步。评价的主体多元，不仅有教师，还包括学生自己和同伴，以及社区人员、专业人员等。

① ［美］美国巴克教育研究院项目式学习计划：《项目式学习指导手册（中学版）》，潘春雷等译，中国人民大学出版社 2023 年版，第 114 页。

表 3-22 “自动体外除颤仪（AED）的社区推广”项目实践的评价方案

评价目标	评价任务	评价标准	评价方式
形成调查报告，从调查的全流程的视角认识设计问卷和调查报告的撰写	1. 以小组为单位设计调查问卷 2. 利用课余时间进入社区开展调查 3. 统计数据，得出结论，撰写调查报告	水平 3：有调查问卷和安全预案，实操性强，可以直接开展调查。调查报告格式规范，能结合调查数据正确归因，提出可行性建议 水平 2：调查方案项目有 1 至 3 处缺失，有调查问卷和安全预案，但需修改后方可实操。调查报告格式有 1 至 3 处缺失，能结合调查数据归因，但不全面 水平 1：调查方案项目不全，有 3 处以上缺失，无调查问卷和安全预案。调查报告格式有 3 处以上错误，提出的建议不具可行性	对调查方案、过程和结论进行评价
体验AED的急救过程，形成急救方法	1. 借助多种资源自主学习使用 AED 的方法 2. 借助人体模型和 AED 训练机体验 AED 急救的方法，并模拟操作	水平 3：能正确操作，掌握急救方法，独立完成体验活动 水平 2：操作时有 1 至 3 处错误，不需别人提醒即可完成体验活动 水平 1：操作时有 3 处以上失误，需别人指导或提醒方可完成体验活动	对学生的操作过程进行评价
撰写推广方案	1. 基于调查数据，访谈相关人员，确定 AED 在社区内的布局 2. 撰写 AED 推广方案	见“自动体外除颤仪的社区推广项目实践的评价量规”（见表 3-23）	依据社区的采纳情况评价

表 3-23 “自动体外除颤仪的社区推广”项目实践的评价量规

评价维度	优秀级	良好级	待改进级
推广方案	□能根据社区居民的人数和居民楼的具体位置安装 AED，AED 安装的数量和位置合理 □能采用恰当的方式呈现正确的使用方法；注意事项说明清楚	□能根据社区居民的人数和居民楼的具体位置安装 AED，AED 安装的数量和位置较为合理 □能采用较为恰当的方式呈现正确的使用方法；注意事项说明比较清楚	□ AED 数量过多或过少，安放位置不合理，不方便使用 □使用方法的呈现方式不恰当或方法不正确；注意事项说明不够清楚

续表

评价维度	优秀级	良好级	待改进级
宣传性科普	□能采用合理的案例、数据体现 AED 的重要性，引导大部分社区居民形成急救意识 □推广对象明确；形式恰当、有效；推广时间合理；成员分工明确	□能采用较为合理的案例、数据体现 AED 的重要性，引导一小部分社区居民形成急救意识 □推广对象明确；形式较恰当，推广时间比较合理；成员分工比较明确	□未提供案例数据，不能说明 AED 的重要性 □推广形式不够恰当，推广时间不够合理；成员分工不明确
项目实施效果	□社区居委会采纳了推广方案，并在社区安装 AED 设备 □社区居民对科普内容和形式满意率达到 85% 以上	□社区居委会采纳了推广方案的一部分，需要再次调研和讨论安装 AED 设备的数量和位置 □社区居民对科普内容和形式满意率在 75% 至 85% 之间	□社区居委会没有采纳推广方案 □社区居民对科普内容和形式满意率不足 75%

（2）表现性评价的设计

在研发评价方案时，传统的评价方式我们已轻车熟路，在此不再赘述。接下来主要介绍表现性评价的设计流程与方法，如图 3–8 所示。由图 3–8 可知，表现性评价的过程为：

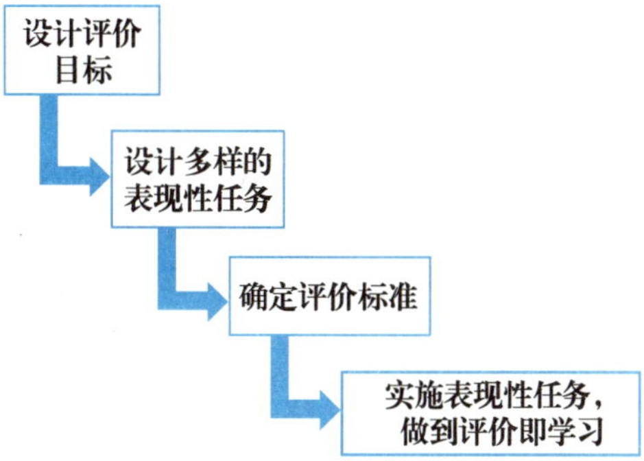

图 3–8　表现性评价的设计与实施的流程图

①基于《课程标准》中的学业质量标准，设计学习目标，将学习目标嵌入评价目标中，形成表现性评价的整体视野和宏观图景。

① 杨向东：《指向学科核心素养的考试命题》，《全球教育展望》2018 年第 10 期。

②设计表现性任务，表现性任务不同于一般的学习活动，它具有真实性、复杂性、挑战性和综合性等特点。需要说明的一点是，项目任务也是表现性任务，它立足真实情境，聚焦真实问题，是对学生进行表现性评价的证据，是兼具评价学习和促进学习双重功能的学习任务。可以说，设计有意义、有意思、有可能的表现任务既是表现性评价的重难点，也是一个关键。为了降低设计难度，在此给大家推荐一个工具——GRASPS 表格（表 3-24）。

> **设计小贴士：**
>
> 重建试题属性
>
> 素养导向的习题命制一般有三个属性，即在什么情境下、运用哪一类知识、解决什么问题，以测量不同素养水平的学生在这些情境中解决问题的可能表现，进而根据上述表现确定学生的素养水平。①

表 3-24　GRASPS 工具的具体要求

目标（G）	任务是什么，要解决哪些问题，或者克服哪些困难
角色（R）	需要扮演怎样的角色，工作职责是什么，需要以什么身份完成任务
受众（A）	任务服务的对象，目标观众是谁，需要使哪些人信服
处境（S）	任务发生的情境，在此情境中需要处理哪些问题，有哪些限制
产品和表现（P）	任务的最终成果，阐明最终需要获得怎样的成果或者学业表现
成功标准（S）	产品的评价标准，有哪些要求，由谁来评价及评价标准是什么

表 3-25 中是学生 84 个可能的角色和受众①，在项目式学习走向常态的过程中，义务教育阶段至少覆盖 2 次。

① 参见桑国元等：《项目式学习教师手册》，北京师范大学出版社 2023 年版，第 104 页。

表 3-25　项目式学习中常见的角色和受众

辩论队成员 社会工作者 电影制作人 网页制作师 空间设计师 董事会成员 民意调查者 餐饮服务者 首席执行官 社会科学家 图书馆顾客 文学批评家 博物馆讲解员 大使馆工作人员 公园管理员 动物园管理员	教练 会计 演员 运动员 安全员 程序员 摄影师 导游 主持人 消防员 诗人 传记作者 护林员 学校职员 插画师 候选人	历史学家 统计学家 生物学家 地质学家 气象学家 经济学家 动物学家 作家 读者 商人 记者 木匠 水手 科学家 发明家 法官	船长 陪审团 律师 编舞 社区成员 建筑工人 驯兽师 新闻主播 政府职员 音乐家 农场主 飞行员 艺术家 剧作家 教师 医生	家庭成员 广告客户 设计师 小说家 旅客 侦探 营养师 电视观众 观察员 家长 专家 记者 编辑 工程师 厨师	外交官 警察 公益人士 面试官

表中处境的设计要做到：体现项目任务的限制性条件，如选材、时间、成本等；还要具有真实性，具有代入感，与学生的生活发生关联，让学生感受到这个问题是真实存在的，并且得让每个学生都能做，体现出项目式学习的公平性。

表 3-26 为学生 70 个常见的产品和表现。① 产品表现的设计原则为：产品表现与学习目标一致，体现"教—学—评—做"的一致性；用高阶拉动低阶；关注每个学生的不同兴趣与爱好。

① 参见[美]巴克教育研究所:《项目学习教师指南——21 世纪的中学教学法》,任伟译,教育科学出版社 2008 年版,第 71 页。

表 3-26　项目式学习常见的产品和表现

书面类作品	展示类作品	媒体与技术类作品	培训类作品	规划性作品	制作类作品
研究报告 叙述文 书信或日记 简报 项目建议书或计划书 诗歌 提纲 手册或宣传手册 调研报告或问卷 研究报告 探究报告或实验报告 人物自传 论文 专题文章 书评或社评 社论 编者按 电影脚本 传记 备忘录 培训手册	演讲 辩论 答辩或口头陈述 游戏 歌曲 抒情诗 音乐片段 口头报告 座谈会 戏剧和角色扮演 新闻播报 专题讨论会 舞蹈 数据展示 作品展览 广告 诗歌朗诵或讲故事 商品宣传语	绘画或漫画 绘本 海报 雕塑 拼图 地图 视频 录音 分镜 动画 剪贴册 口述历史 相册 广告 电脑数据库 电脑图像 电脑程序 CD-ROM 网站 PPT 课件 社交媒体宣传活动	课程手册 工作示范 授课 专题演讲	计划书 成本预算 投标书 蓝图设计 流程图 时间进度表 提案	实物模型 大众消费性产品 系统 机器 科学仪器 博物馆展品 模型设计草图 发明创造 立体模型 小装置 车辆 建筑物 花园

成功标准的设计原则为：指向产品和表现，而非照搬学习目标；具有可评、可测的特点；能支持学生进行自评和互评，以及对教师的评价。

下面是英语学科以 *Culinary Journeys: Connecting Food and Culture* 为例，利用 GRASPS 工具设计项目任务的例子。

表 3-27　英语学科利用 GRASPS 设计项目任务

G- 目标	制作美食视频、美食文化冰山海报和美食地图，向小学母校的学弟学妹们推介各国美食及其背后的文化知识
R- 角色	美食推荐官
A- 受众	小学母校的学弟学妹
S- 处境	5 月 21 日世界文化发展日即将到来，请向小学母校的学弟学妹们分享各种食物背后的历史渊源、制作工艺、风味特点以及与之相关的文化故事

续表

P- 产品和表现	制作美食视频、美食文化冰山海报、美食地图
S- 成功标准	1. 能够选择一种常见的食物，调查并了解其制作过程，包括所需食材、烹饪步骤和技巧等，制作一个 3 分钟左右的英语视频，展示所选食物的制作过程，并分享个人的发现和体验 2. 能够制作一张文化冰山海报，展示所选国家或地区的节日和相关食物的特点，包括历史背景、传统习俗和食物的象征意义 3. 美食地图中标注一些在中国常见的外国食物及其来源国家，了解它们如何逐渐融入我们的饮食文化，还要了解不同食物的制作过程和文化背景的相互关系。

注：以上项目任务由英语学科的宋佳佳老师提供。

项目任务和子项目对应的“任务群”都属于表现性任务，表现性任务既是评价任务，也是学习任务。我们可以借助评价表（表 3–28）进行表现性任务的评价。

表 3–28　表现性任务评价表①

评价维度	一级指标	评价（打√）
真实性	既要保证情境的真实性，也要保证驱动性问题的真实性。前者体现情境与现实生活情境的接近程度，后者体现学习结果是否有现实价值	是□ 否□
一致性	学习任务的评价需要关注其与学习目标和评价目标的一致性，学习目标是设计学习任务的依据之一	是□ 否□
可操作性	学习任务的可操作性是决定其效果的关键，体现在教师提供的指令的清晰度上，还体现在任务的类型、数量等上	是□ 否□

③确定评价标准。既可以将评价标准划分为三个等级，水平 1 是较低水平，水平 3 是最高水平，也可以研发评价量规。量规是表现性评价必不可少的工具，也是进行表现性评价的关键难点。那么，如何构建一个量规？

首先，明确什么是量规，量规由哪些部分构成。量规是针对学生学习制

① 崔允漷等：《新课程关键词》，教育科学出版社 2023 年版，第 37~38 页。

定的，它包含一组清晰连贯的标准，以及这组标准下各层级的表现质量描述。量规的主要用途是对学习表现进行评价。[①] 量规由题目、评价的维度或指标、评价等级、具体的等级标准描述。

其次，确定评价维度或指标，还可以赋予权重，以体现其重要性，如在制作模型时，科学性占 50%，艺术性占 30%，创新性占 20%。评价维度或指标是任务或作品的核心要素，也是教师最期望学生达成的能力要素，即“要什么，评什么”，其特征如表 3-29 所示。

表 3-29　评价维度的必备特征

特征	说明	举例
嵌入学习目标	每条维度或指标对应学习目标的一个方面	将学习目标拆解，量规自带动力
易观察的	每条维度或指标都是可被任何人感知的	能为所见或所闻，如探究技能、沟通技能等
完整的	所有维度或指标评估学习结果的所有特征	评价海报的量规包括标题、内容和整体外观
相互区别的	每条评价维度或指标评估学习结果的一个单独方面。一条评价维度或指标可以再细分	评价模型的科学性这一维度或指标可以再细分为尺寸比例和数量、材料选择等

再次，确定评价等级，教师既可以用优秀级、良好级和待改进级，也可以用等级一、等级二、等级三，还可以根据评价任务使用活泼好玩的词语来描述，如铂金级、白银级、青铜级等，这种描述富有亲和力，且充满趣味性。

最后，进行各个维度不同等级的具体描述。描述时要清晰、明确，具有一定的区分度。描述表现等级时既可以先确定两个极端的等级，最后确定中间等级，也可以先描述中间等级，再描述高于或低于中间等级的等级（表 3-30）。

① ［美］苏姗·布鲁克哈特：《如何编制和使用量规：面向形成性评估与评分》，杭秀等译，宁波出版社 2022 年版，第 4~5 页。

表 3-30 表现等级描述的必备特征

特征	说明	举例
涵盖各种表现	描述表现时，要从质量连续性的一个极端走向另一个极端	最好的表现是最完美的，理想中的作品，即使没有最差的等级，我们也要规划
能够区分各层级	层级与层级之间突显出足够的区分度	如“熟练”代表优秀级，“尚可”代表良好级，“通过”代表合格级
以合适的层级作为目标表现	将学习目标中所要求层级的表现描述放置在量规的预期层级中，三级水平为理想状态	如表 3-31 课程标准中常用行为动词列表

表 3-31 课程标准中常用行为动词列表[①]

类型	水平	行为动词
认知性目标动词	一级水平	知道、举例说出、说出、描述、识别、列举、了解
	二级水平	比较、举例说明、说明、概述、解释、认识、理解
	三级水平	区别、辨析、判断、分析、阐明、分类、应用、预测、评价
技能性目标动词	一级水平	观察、观测、测量、记录
	二级水平	使用、调查、估测、查阅
	三级水平	计算、绘制、设计、制作、检测、优化、改进
体验性目标动词	一级水平	关注、感受、体验
	二级水平	感知、领悟、认同、关心
	三级水平	养成、质疑、形成、树立

① 中华人民共和国教育部：《义务教育科学课程标准（2022 版）》，北京师范大学出版社 2022 年版。

通过以上设计过程可知，量规既是学生学习的“脚手架”，也是教师教的工具，还是评价工具，可用于学生自评、组间互评以及教师对教学效果的评价等。建议师生共同研制评价量规，表 3–32 是学生在课前参与研发的评价量规。

表 3–32 “栽培一种植物，探究所需的环境条件”综合实践项目的评价量规

评价维度	种植青铜	种植白银	种植王者
种植	□番茄的成活率不到 60% □番茄茁壮生长，状况很好 □结实率较低，不到 60%	□番茄的成活率达到 85% □番茄生长状况一般 □结实率达到 85%	□番茄的成活率在 95% 以上 □番茄茁壮生长，状况很好 □结实率高，在 95% 以上
管理过程	□不能选择合适的时间进行浇灌，较为随意 □不能根据番茄长势进行施肥 □不能利用环保的方法防治病虫害 □栽培时遇到困难，解决方法单一，效果欠佳	□基本可以选择合适的时间进行浇灌 □基本能根据番茄长势进行施肥 □能采用有效的方法防治病虫害 □栽培时遇到困难，解决方法较多，效果一般	□根据番茄的生长发育需要选择合适时间适量浇灌 □能根据番茄的生长发育需要进行合理施肥 □采用科学、有效、环保的方法防治病虫害 □栽培时遇到困难，解决方法具有创造性，效果佳
项目成果	□成果单一，展示形式单调，没有创意 □任务缺乏规划，阶段性成果有大量缺失，无阶段性反思	□成果比较丰富，展示形式较为多样，创意一般 □有任务规划，阶段性成果和阶段性反思有部分缺失	□成果多元、丰富，展示形式多样，且有创意 □有实操性强的任务规划，阶段性成果翔实，有高质量的阶段性反思

④实施表现性任务。完成表现性任务的过程就是一个学习的过程，将过程中收集到的数据，作为评价学生学习成长的重要资料。

（3）对评价方案的评价

评价方案的设计要指向学习目标，体现 6 个方面的平衡性、系统性，为此，我们可以借助评价表（表 3–33）评价评估方案。

表 3-33 评价方案评价表

评价指标	评价（打√）
形成性评价和终结性评价之间的平衡	是□ 否□
个体成长的评价和团队所完成工作的评价之间的平衡（充分评价个体的学习情况，而非只评价团队的成果；除了评价团队成果之外，还要评价个人学到的知识、技能）	是□ 否□
自评和互评之间的平衡，还有其他评价主体的评价，如外部专家和社区人员等	是□ 否□
传统的评价和表现性评价之间的平衡	是□ 否□
正式评价和非正式评价之间的平衡	是□ 否□
“双基”（基本知识和基本技能）和高阶思维之间的平衡	是□ 否□

5. 设计学习体验和教学

有了清晰明确的目标和评估的证据后，就该全面考虑最适合的教学活动了。在这一阶段，我们必须考虑的三个问题是：如何对驱动性问题进行拆解，形成由子问题构成的“问题链或串”？如何根据子问题规划项目进度，确定项目里程碑？哪些资源可以帮助学生解决“问题链或串”？

（1）拆解驱动性问题

表 3-34 是在导引课中，教师引导学生进行拆解问题的支架，“我已经知道的有关知识”，可以让老师了解学情和项目的起点；“还需要知道的知识和技能”就是我们需要学习的知识与技能，对这些问题进行排序，形成由子问题构成的“问题链或串”。子问题对应的子项目的顺序即为做事的逻辑。子项目的顺序既有“并列”的，也有“递进”的，还有“并列”和“递进”并存的。

表 3-34 拆解问题表

我已经知道的有关知识	还需要知道哪些知识和技能（小贴士：以问题的形式呈现）	规划子项目，知道需知的知识和技能
1.	Q1	子项目一：
2.	Q2	子项目二：
3.	QN	子项目 N：

图 3–9 是在“发酵技术赋能‘大食物观’”的导引课中，学生利用项目式学习任务单拆解驱动性问题、规划项目的过程。

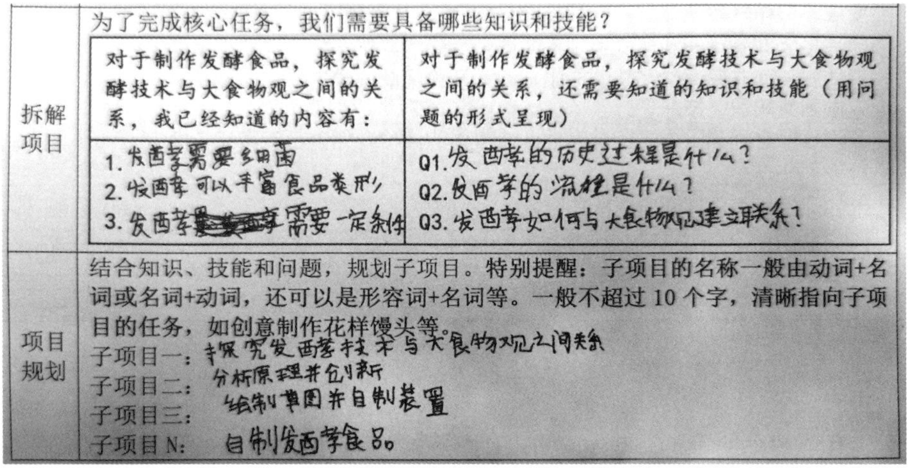

拆解项目	为了完成核心任务，我们需要具备哪些知识和技能？	
	对于制作发酵食品，探究发酵技术与大食物观之间的关系，我已经知道的内容有：	对于制作发酵食品，探究发酵技术与大食物观之间的关系，还需要知道的知识和技能（用问题的形式呈现）
	1. 发酵需要细菌 2. 发酵可以丰富食品类形 3. 发酵需要一定条件	Q1. 发酵的历史过程是什么？ Q2. 发酵的流程是什么？ Q3. 发酵如何与大食物观建立联系？
项目规划	结合知识、技能和问题，规划子项目。特别提醒：子项目的名称一般由动词+名词或名词+动词，还可以是形容词+名词等。一般不超过 10 个字，清晰指向子项目的任务，如创意制作花样馒头等。 子项目一：探究发酵技术与大食物观之间关系 子项目二：分析原理并创新 子项目三：绘制草图并自制装置 子项目 N：自制发酵食品。	

图 3–9　学生的项目式学习任务单案例

图 3–10 以语文学科的项目主题“建造鲁迅博物馆”为例，说明子项目的递进关系。

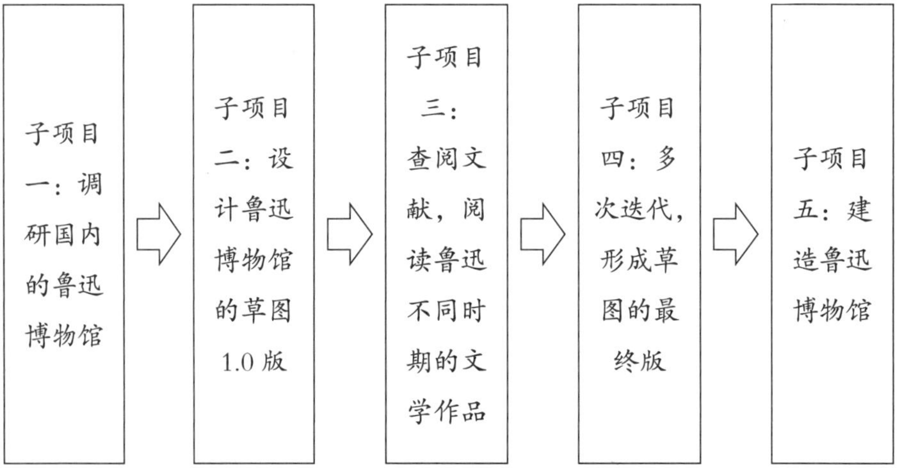

图 3–10　项目式学习子项目之间的并列关系

图 3–11 以生物学科的项目主题“我是能量大富翁桌游设计师”为例，说明子项目既有递进的关系，也有并列的关系。

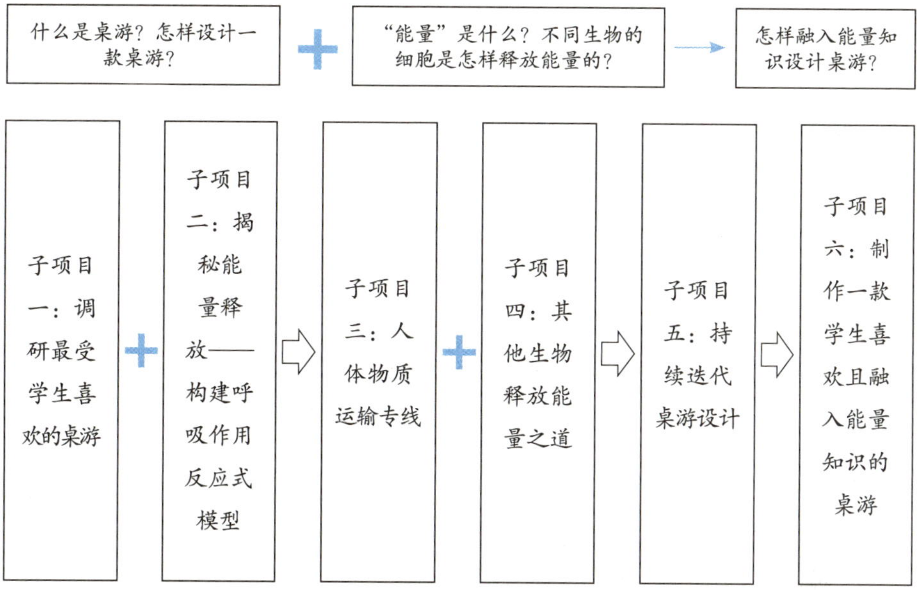

图 3–11　项目式学习子项目之间的并列与递进并存

> **设计小贴士：**
>
> 跨学科概念和大概念等
>
> 跨学科概念是美国《新一代科学教育标准》中针对科学教育课程提出的，共 7 个。大概念有些学科的 2022 版课标中已提出，有些学科没有提出。没有提出的学科教师可以查阅文献，借鉴国内外经验，积极探索、研发适于本学科的大概念。①

由图 3–11 可知，调研与学习有关能量的知识之间是并列的关系，先解决哪一个问题都可以，不分先后。在学习各种生物释放能量时，学生首先要知道呼吸作用的反应式模型。由于植物体的各器官便于取材，利于开展实验，探究呼吸作用的原料和产物，所以子项目二是探究植物体呼吸作用的原料和产物。先将子项目二构建的生物体呼吸作用的反应式模型类推至其他生物。子项目三为人体释放能量的方式，子项目四为其他生物释放能量的方式。子项目三和子项目四是并列的关系，项目规划时不分先后。

（2）构建"问题系统—任务系统—概念系统—评价系统"

通过任务拆解和项目规划，形成子项目构成的项目群，再确定项目里程

① ［美］美国科学教育标准制定委员会：《新一代科学教育标准》，叶兆宁等译，中国科学技术出版社 2020 版。

碑（阶段性成果）。问题系统由驱动性问题拆解成的子问题构成，任务系统由子项目构成的项目群构成，概念系统由跨学科概念、大概念、重要概念和次位概念构成，将评价融入到学习任务中，做到了“教—学—评—做”一致性。其中，驱动性问题与项目任务和最终的项目成果相对应，指向大概念和跨学科概念；子问题与子项目和阶段性成果对应。

下面以“制作生态瓶”为例，展示“四大系统”的具体运行方式(图3–12)。

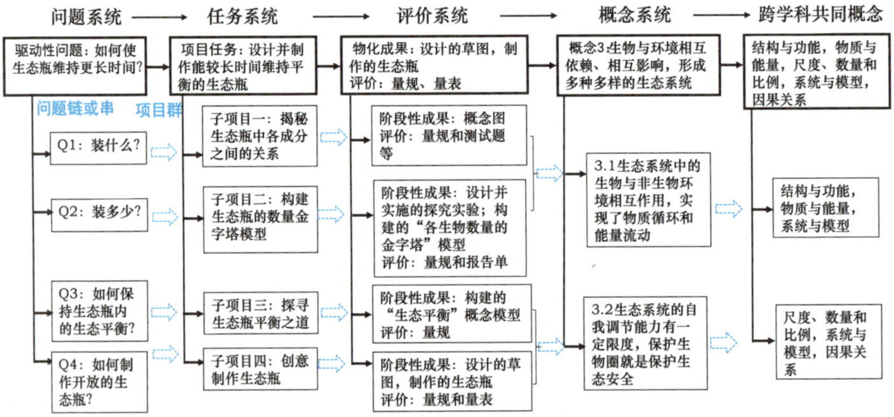

图 3–12 “问题系统—任务系统—评价系统—概念系统”图示

由图 3–12 可知，“四系统”为我们规划了项目“蓝图”，大概念比较匹配价值观、必备品格等素养目标，驱动性问题可以较好地对接关键能力、价值观等素养目标，项目任务更易达成关键能力与必备品格等素养目标。[1]要想将“蓝图”细化为项目“施工图”，我们还要构建“项目—任务—活动”三级驱动机制，形成项目规划表（表 3–35）。

表 3–35 “项目 – 任务 – 活动”三级驱动机制表

项目引领	任务驱动	活动设计	跨学科	课时
导引课	任务 1：明确项目任务 任务 2：规划任务	①头脑风暴，提出问题 ②画廊漫步，拆解问题 ③定义问题，规划项目		第 1 课时

① 崔允漷等：《新课程关键词》，教育科学出版社 2023 年版，第 11 页。

续表

项目引领	任务驱动	活动设计	跨学科	课时
子项目一：揭秘生态瓶中各成分的关系	任务1：绘制概念图，揭秘生态瓶中各成分之间的关系 任务2：小游戏“编织食物网”	①分析生态瓶中的各种生物成分与无机环境，用概念图呈现它们之间的关系 ②分析生态瓶中的一条食物链 ③书写生态瓶中所有的食物链，并交织成网	生物学、化学等	第2课时
子项目二：构建生态瓶的数量金字塔模型	任务1：探究实践“生产者的数量对生态瓶稳定性的影响” 任务2：构建“生态瓶内各生物数量的金字塔”模型	①设计探究方案，选择材料制作装置，进行实验 ②分析数据得出结论 ③查阅文献资料，构建生态瓶内各生物数量的金字塔模型	生物学、数学等	第3、4课时
子项目三：探寻生态瓶的平衡之道	任务：构建“生态平衡”的概念模型	教师出示某草原生态系统中狗尾草、老鼠、鹰三者的数量数据表，绘制曲线图，建构数学模型，归纳生态平衡的定义，提炼生态瓶平衡之道	生物学、数学等	第5课时
子项四：设计并制作生态瓶	任务1：设计并迭代草图 任务2：创意制作生态瓶	①小组绘制生态瓶草图，不断迭代草图 ②小组分工合作，制作生态瓶 ③测试，迭代生态瓶	生物学、技术、艺术等	第6课时
展示课	任务1：展示与评价项目作品 任务2：表彰与复盘	①其他小组点赞并提建议 ②各小组基于反馈进行迭代，并借助“支架”进行反思		第7课时

由表3-35可知，所有的子项目、任务及活动都指向项目作品——生态瓶，都为完成项目作品作贡献。本项目中的子项目一、子项目二、子项目三和子项目四不断进阶，体现了制作生态瓶的先后顺序，体现了实践的逻辑。所有的教学活动都围绕生态瓶展开，在小结或检查项目进度时都要运用归纳与演绎的思维方式，形成次位概念、重要概念和大概念。

（3）对学习体验和教学的评价

学习体验和教学是核心素养落地的载体，我们可以借助评价表（表3–36）评价学习体验和教学。

表3–36　学习体验和教学评价表

评价维度	一级指标	评价（打√）
指向问题解决	每一个子项目、任务和活动都指向驱动性问题的解决，都服务于项目作品的制作	是□　否□
项目作品落实核心知识	项目作品能体现对核心知识的理解与掌握程度，能使学生对其产生新的理解，且用项目作品体现对知识的迁移应用与创新实践，回应驱动性问题的解决	是□　否□
由“教”走向“学”	学生的学习方式多元，教师的“教”服务于学生的“学”，学习活动有意义、有意思、有可能	是□　否□
构建素养导向的课堂	在课堂上落实核心素养，体现其可教、可学的属性，通过学生在活动中的表现对学生的核心素养进行评价	是□　否□

6. 研发“超市化”学习资源

我们来看一下如何解决最后一个问题：哪些资源可以助力学生的自主学习，使学生习得完成项目作品必备的知识和技能？

要回答“什么是学习资源”的问题，我们可以从一个孩子怎么学会骑自行车说起。

对一个孩子来说，学会骑自行车是目标。一个孩子要学会骑自行车，除了自己的强烈愿望外，还需要辅助，否则，孩子可能会放弃。

这些辅助大概有：

——辅助轮（额外的辅助和支持）。你会看到很多儿童自行车后轮都有两个辅助轮，其作用是支撑辅助。

——家长扶着且不断讲解（强有力的指导和说明）。此时已去掉辅助轮，但需要及时指导。

——家长在不远处说："看前方！"（小提示）此时孩子已基本掌握技巧，需要偶尔提示一下要领。

——家长在远方说："真棒！"（支持和鼓励）此时孩子已游刃有余，但尚心存顾虑，需要及时鼓励。①

由此可知，学习资源包括物质与精神的支持。学习资源要以支持学生学习为目的，助力学生完成学习任务。一切能帮助学生达成学习目标、解决问题的人员和材料都是资源。研发学习资源时，我们要立足学生的全面发展，支持学生完成个性化学习，要树立一个"更大"的资源观，做到学习发生在哪里，工具、资源就出现在哪里。这些资源包括图 3–13 所示内容。

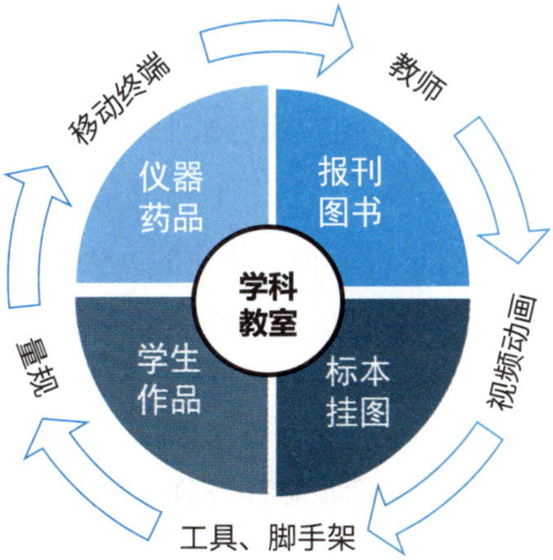

图 3–13　项目式学习的学习资源示意图

图 3–13 中的工具和脚手架包括项目式学习任务书、思维导图、项目墙（内有时间轴）、模型等。在给学生设计资源时，应遵循最近发展区理论，调研学情，统筹校内和校外学习资源，构建"超市化"的学习资源库，在每一个学习环节上为学生赋能。

学习资源助力学生的自主学习和项目实践，我们可以借助评价表评价学习资源。

① 参见闫存林：《语文学习任务设计原理、方法与案例》，中国人民大学出版社 2023 年版，第 57 页。

表 3-37　素养导向的学习资源评价表

评价维度	一级指标	评价（打√）
个性化	体现学习资源“超市化”的特点，形式丰富且适于每一位学生	是□　否□
适切性	体现学习资源的适宜性，适于不同学习能力的学生	是□　否□
指向性	体现构建学习资源的客户思维，即服务于学生的“学”，构建前应调研学生的需求	是□　否□
有效性	体现学习资源的效果，助力学生的“学”，辅助教师的“教”	是□　否□

7. 设计反思支架①

素养是反思或“悟”出来的，反思是将所学知识、技能与能力提升为素养的必要路径。项目式学习的反思不只是对学习经历的简单回顾，更是为学生提供对自身学习经历和结果再认识的路径。在组织学生反思时，需对接素养目标，设计反思支架、路径，定位反思水平。

（1）借助支架进行反思

反思性支架帮助学生对学习历程中使用的方法、策略和学习过程中的行为进行回顾和思考，从而厘清在学习历程中的优势和劣势，对学习进行调节。在进行学后反思的设计时，可以遵循“三阶六级”的原则，如表 3-38。

表 3-38　学后反思的“三阶六级”水平

阶	级	特征描述
一阶：复述	一级	回忆刚学过的知识中一些有价值的信息
	二级	复述所学的内容，并能根据一定的规则将其组织起来
二阶：关联	三级	将所学的知识与已知的知识建立联系
	四级	将所学的知识应用于真实场景
三阶：转化	五级	运用所学知识解决真实情境中的问题
	六级	能在知识运用中形成自己的观点或信念

① 崔允漷等：《新课程关键词》，教育科学出版社 2023 年版，第 11 页、第 160 页。

注：每个项目单元的反思并不一定会涉及三个水平。

以项目实践“制作泡菜，探究影响泡菜亚硝酸盐浓度的因素”为例，我们设计的学后反思如下：

①通过本项目实践，你知道了关于乳酸发酵的哪些知识？

②在绘制泡菜的亚硝酸盐浓度曲线时，你有哪些经验跟同学们分享？你能根据曲线图分析亚硝酸盐浓度的变化规律吗？

③你能根据亚硝酸盐浓度的变化规律总结如何做到安全食用泡菜吗？

除了设计“学后反思的‘三阶六级’水平”支架，我们还可以通过设计其他的反思支架（表 3-39 和表 3-40），形成形式多样的反思路径，帮助学生管理自己的学习，反思所学，不仅在新旧知识、知识与生活之间建立联结，而且能够通过反思建立起知识与自我之间的联结。

表 3-39　反思版通行证（一节课后、子项目结束后或结项时）[①]

项目通行证：	姓名：
今天的主题：	
3 个学会： 2 个问题： 1 个观点：	

表 3-40　小组贡献反思表

项目名称：　　　　　　　　　　学生：　　　　日期：

我通过以下方式为小组作出了贡献：
在这个小组中，我遇到的比较困难的事情有：
为改变这种困难，我可以采取以下方法：
我需要做以下事情，使我们小组的工作更加高效：

（2）借助“问题链”进行反思

在进行项目进度检查或在学生完成了最终的项目作品并公开展示，且所

① 夏雪梅：《PBL 项目化学习工具：66 个工具的实践手册》，教育科学出版社 2021 年版，第 55 页。

有的终结性评估结束后，邀请学生借助“问题链”反思学到的知识、能力，反思自己是如何完成项目的，遇到过哪些问题，是如何解决的等。

①关于这个项目，你还想了解什么？你们小组进一步探究的问题是什么？

②对于驱动性问题，你得到满意的答案了吗？

③你们的小组合作得怎么样？下一步你将如何提高自己的合作能力？

④你们的项目作品对社会、他人等产生影响了吗？带来了哪些改变？

……

（3）对反思支架的评价

崔允漷曾说:“反思是核心素养培育的唯一路径。”我们可以借助表 3-41 评价反思。

表 3-41　反思支架评价表

评价维度	一级指标	评价（打√）
多样性	体现反思的形式多样，如反思表格、反思问题、鱼缸式讨论法等	是□　否□
有深度	不管是成功，还是失败，都要正确归因	是□　否□
有广度	反思的维度要体现项目式学习的方方面面，如知识的落实、概念的建构、技能的培养、能力的培养和素养的培育等	是□　否□
及时性	面对富有挑战的驱动性问题和被分解的“子问题”，要推迟给予支架的时机，待学生出现认知“僵局”时再予以指导[①]	是□　否□

① 夏雪梅：《项目化学习质量评估：基于中国情境的建构》，教育科学出版社 2024 年版，第 67 页。

章“彩蛋”

项目式学习的设计模板

读到这儿，有些老师可能已经跃跃欲试，想动手设计一个可以在自己课堂上开展的项目式学习了。

为了给教师设计项目式学习提供参考与引导，我们研发了项目式学习设计模板（表 3–42），该模版由素养性目标、引领性主题、挑战性任务、驱动性问题、探究性过程、伴随性评价和持续性反思等构成。请老师们选择一个你最擅长、也最能激发学生学习兴趣的项目主题，开启一段项目式学习设计之旅吧！

表 3–42　在高阶认知上逆向设计项目式学习的模板

<table>
<tr><td colspan="3">项目名称</td><td colspan="5">小贴士：名称要言简意赅，直指项目作品</td></tr>
<tr><td colspan="3">驱动性问题</td><td colspan="5">小贴士：是项目式学习的“灵魂”，能拉动学习全程</td></tr>
<tr><td colspan="3">项目任务</td><td colspan="5">小贴士：要有意义、有意思、有可能、有挑战</td></tr>
<tr><td colspan="3">项目背景分析</td><td colspan="5">小贴士：从项目实践的育人价值角度描述实施的原因</td></tr>
<tr><td colspan="3">项目本体解读与规划</td><td colspan="5">小贴士：体现“学习逻辑 = 学科逻辑 + 心理逻辑 + 项目逻辑”</td></tr>
<tr><td colspan="3">学习目标</td><td colspan="5">小贴士：素养导向，做到清晰、适切、可操作、可评价</td></tr>
<tr><td colspan="3">项目成果规划与展示</td><td colspan="5">小贴士：阶段性的成果和最终的成果及其展示的方式和范围</td></tr>
<tr><td colspan="8">评价方案</td></tr>
<tr><td colspan="2">评价目标</td><td colspan="2">评价任务</td><td colspan="2">评价标准</td><td colspan="2">评价方式与反馈方式</td></tr>
<tr><td colspan="2"></td><td colspan="2"></td><td colspan="2"></td><td colspan="2"></td></tr>
<tr><td colspan="8">教学计划</td></tr>
<tr><td colspan="2">课型</td><td>问题链</td><td>活动内容</td><td>活动意图</td><td>学习资源</td><td>项目进度</td><td>课时</td></tr>
<tr><td colspan="2">导引课</td><td></td><td></td><td></td><td></td><td></td><td></td></tr>
<tr><td rowspan="3">探究课</td><td>子项目一</td><td></td><td></td><td></td><td></td><td></td><td></td></tr>
<tr><td>子项目二</td><td></td><td></td><td></td><td></td><td></td><td></td></tr>
<tr><td>子项目 N</td><td></td><td></td><td></td><td></td><td></td><td></td></tr>
<tr><td colspan="2">展示课</td><td></td><td></td><td></td><td></td><td></td><td></td></tr>
<tr><td colspan="8">学习资源：(1) 学习资源要基于学生的“最近发展区”，具有“超市化”的特点。
(2) 学习资源包括量规、问卷、单元测试卷、自主学习任务单等。</td></tr>
</table>

为了指导教师对设计的项目式学习单元教学案例进行自评、互评等，我们研发了“项目式学习设计的评价量规”（表3–43）。

表3–43　项目式学习设计的评价量规[①]

维度	卓越导师级	教练级	陪练级
学习目标	□聚焦具体且重要的知识和技能，基于课程标准，指向大概念，清晰、适切、可操作、可评估	□聚焦课程标准派生的知识，选定的重要技能不多，难于评估和教授	□目标不明确、不具体，没有聚焦课程标准，没有选定重要技能
学生声音和选择	□学生有机会表达自己的意见，并在重要事情（主题、问题、产品、时间管理等）上做出选择 □学生有机会承担重大责任，并得到指导	□学生表达意见和作出选择的机会有限，在不重要的事情上做决定 □学生可以做自己的事情	□学生没有表达自己的意见的机会，项目由教师主导 □学生的学习基本上是被安排的
反思	□项目期间和完成后都会对学习的内容和方式以及设计和管理进行全面的反思	□项目期间和结束后会进行一些反思，但不是定期或深入的反思	□不组织学生反思学到了什么及如何学习，也不反思项目的设计和管理
挑战性的问题	□聚焦一个挑战性的核心问题，对学生来说挑战水平相当高 □驱动性问题具有以下特点：开放性，持续思考，拉动学习全程；学生能理解与接受；与学习目标一致	□聚焦一个核心问题但挑战性不够 □驱动性问题与项目有关，但不指向核心问题，部分特点与左侧的特点相符	□没有聚焦一个核心问题，或者问题不容易解决 □驱动性问题存在缺陷，答案单一或没有吸引力
持续探究	□持续探究，不断有问题生成（来自学生的问题，引导学生自主设计探究实验方案，收集和解释数据，得出结论，从而解决问题） □学生在项目进行的过程中所提出的问题驱动着探究，在进阶中实现深度学习	□探究是有限的（简短，只发生一两次，学生主要任务是收集信息，没有深层次的问题） □提出的问题不会用来指导探究，也不会影响项目的前进方向	□像是一个活动或实践任务，而不是一个延伸的探究过程 □学生没有提出问题来引导探究的过程

① ［美］巴克教育研究院项目式学习计划：《项目式学习指导手册》，潘春雷等译，中国人民大学出版社2023年版，第196页。

续表

维度	卓越导师级	教练级	陪练级
公开成果、评价和修改	□不仅展示，还进行答辩，并做出相关解释 □为学生提供定期的、有组织的机会展示作品，来向老师、同学或向其他人征求产品质量和工作的反馈意见 □利用反馈迭代自己的作品	□对师生展示，不要求解释 □学生有机会对产品质量和工作接受反馈 □学生不会根据反馈进行实质性的修改和改进	□不展示成果作品 □只能从老师处获得有限的、零散的反馈，而不是从同伴处获得反馈 □不知道如何使用反馈来改进自己的工作
真实性	□有真实的情境，涉及真实世界的任务，对世界产生影响，有角色意识	□有些真实的特征，但存在局限性，或感觉不自然	□类似于作业，缺乏真实的情境，对世界没有影响，不在学生的兴趣点上

第四章
项目式学习的三种典型课型

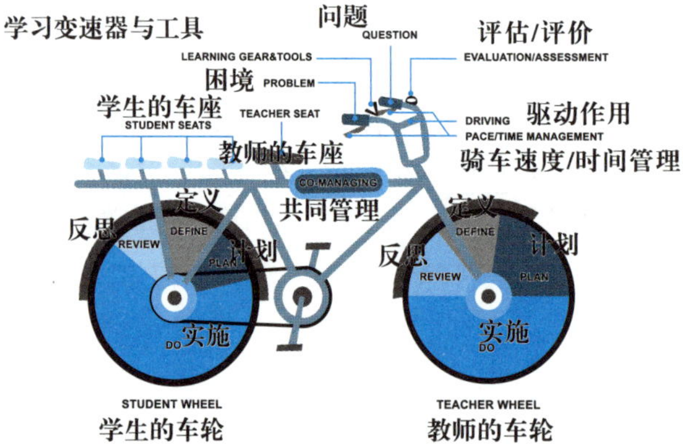

图 4–1　项目式学习的自行车模型

由图 4–1 所示的自行车模型可知，连接自行车两个车轮的部分为“共同管理”。老师和同学都属于“项目经理”，要管理和控制整个项目的进程。车把手连接处发挥驱动作用，包括对问题和困境（如现实生活中存在的一些困境）的驱动性解决。车闸控制骑车速度，即项目的时间管理控制项目进程。“里程表”作为整个项目进程的评价，可以评价学生到底学得怎么样，产品完成的质量如何，为反馈提供依据。

自行车的两个车轮分别为学生的车轮和教师的车轮，包括定义、计划、实施、反思四部分，即项目的进程。相比之下，教师车轮的计划部分多一些，因为老师要付出更多劳动去计划和定义；而学生车轮实施部分多一些，则因为学生是实施的主体，在实施时投入更多一些。

自行车模型不仅为三种课型提供了结构框架，也对教师和学生的角色进行了准确的定位，同时为理解项目式学习关键要素的内在关联提供了支架。尝试用项目式学习进行有效教学，要求教师有“教别人骑自行车”的耐心和技巧，允许学生对学习有所控制，这样他们才会熟能生巧，在不断拓宽经验和知识的基础上，调配加快学习的“催化剂”。

项目式学习的课堂本身是一个意义建构和知识生成的过程，可以激励和促进学生深度学习、探究实践并解决问题，用于教授学科核心知识和培养学生的高阶思维。通过第一章有关设计项目式学习的内容可知，如果我们已经完成了一个项目单元的设计，那么现在就可以在课堂上实施了。准备了这么多的资源和素材，到底如何在课堂上使用呢？教师应怎样发挥教练、向导和项目经理的作用呢？

问题生成在导引课的启动项目阶段就已经开始了，一直到展示课结项时，学生还可以再提出问题，进一步展开探究。项目式学习的核心是创造性地解决问题。因此，我们以问题解决为主线，用项目作品回应问题的解决，研发素养导向下的课堂教学模式。如图 4–2。

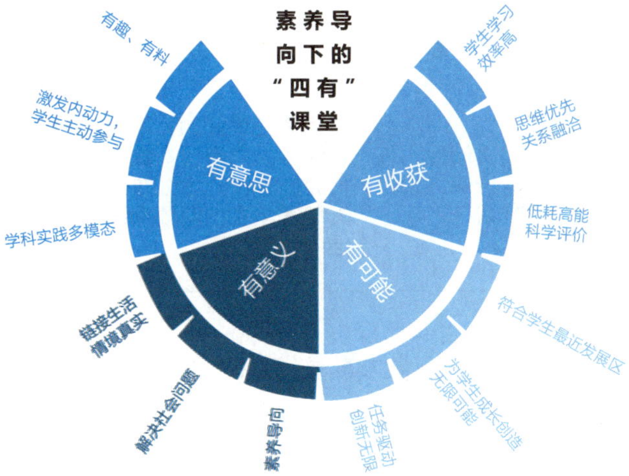

图 4–2　素养导向下的课堂模型

项目式学习走向常态的课型有三种，导引课、探究课和展示课。导引课是传统的课型所没有的课型，包括发现问题、定义问题、分析问题和制订方案（规划项目）；探究课主要是实施方案的过程，设计草图和制作项目作品（不仅要回应问题的解决，还要体现对核心概念的理解，表现出对核心知识的深度理解），测试迭代项目作品也属于探究课的范畴；展示课主要是通过展示与评价项目作品来形成项目“闭环”，展示能回应驱动性问题的解答。[①]在三种课型中，评价一以贯之，每一个环节都要进行形成性评价。尤其是在探究课的检查项目进度环节，使用形成性评价的频率更高。

---

① ［美］美国巴克教育研究院项目式学习计划：《项目式学习指导手册》，潘春雷等译，中国人民大学出版社 2023 年版，第 66 页。

1. 导引课

导引课并非传统课型，从发现问题到定义问题，再到分析问题，主要培养学生的问题意识和项目规划能力。导引课可以是一节课的时间，也可以是30分钟，还可以多于一课时。虽然导引课的形式由项目内容和主题决定，但也要具有导引课的关键要素。其关键要素、成功标准等见表4–1。

表4–1 导引课的关键要素、成功标准及实施重难点

课型	关键要素	成功标准	实施的重点和难点
导引课	定义问题、任务拆解、项目规划	1. 回答三大问题：（项目任务）是什么、为什么（做这个项目的社会价值等）、怎么做（项目规划） 2. 培养学生的问题意识和高阶思维	重点：问题解决、任务拆解、项目规划 难点：分析问题和项目规划，将真实问题转化为学科问题

以“我是‘能量大富翁’桌游设计师”为例，具体介绍导引课的实施流程。首先，从总体上认识一下这个项目。

项目的育人价值：本项目要求学生有意识地应用生物学核心知识，自主调用化学、数学等多学科知识，应用建模的方法解决问题、参与游戏活动，在游戏中巩固知识，进行社会情感学习。

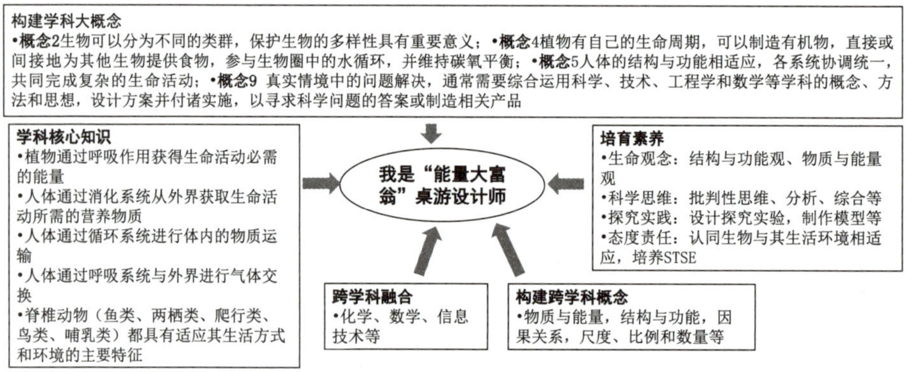

图4–3 我是“能量大富翁”桌游设计师项目的育人价值

（1）项目学习目标

①设计方案，探究“植物种子的呼吸作用的原料和产物”，并制作装置实施设计的实验方案，构建呼吸作用反应式模型。

②探究人体获取氧气和有机物的过程，借助人体循环路线图向他人介绍人体将氧气和有机物运输到组织细胞的过程，并科普人体组织细胞释放能量的过程。

③查阅资料，概述其他生物获取氧气和有机物的过程，探究其他生物释放能量的过程。

④设计桌游，制定规则，邀请其他同学一起玩桌游，赚取能量卡。

（2）项目驱动性问题

如何设计一款深受学生喜爱且能融入能量知识的桌游？

（3）项目作品

项目作品如图 4-4 所示。

图 4-4　项目作品

（4）项目任务

学校娱乐空间内有多种多样的桌游设施，如军旗、象棋等。为丰富娱乐空间的游戏种类，打造北京市十一学校石景山实验中学学生专属的益智游戏，倡导同学们“玩中学”，请结合所学知识，设计一款“能量大富翁”桌游，并制定规则，满足四人一组进行桌游的条件。

（5）项目成果及展示形式

①最终成果：“能量大富翁”桌游及其规则。

②展示形式：在学校娱乐空间内展示，向全校师生推荐，并邀请桌游爱好者体验。

（6）项目的内容结构

本项目以“探究种子的呼吸作用→构建呼吸作用反应式模型→类推植物其他器官、人和其他生物的呼吸作用”为主线，综合考虑各种生物体获取氧气和有机物的方式，设计“能量大富翁”桌游。

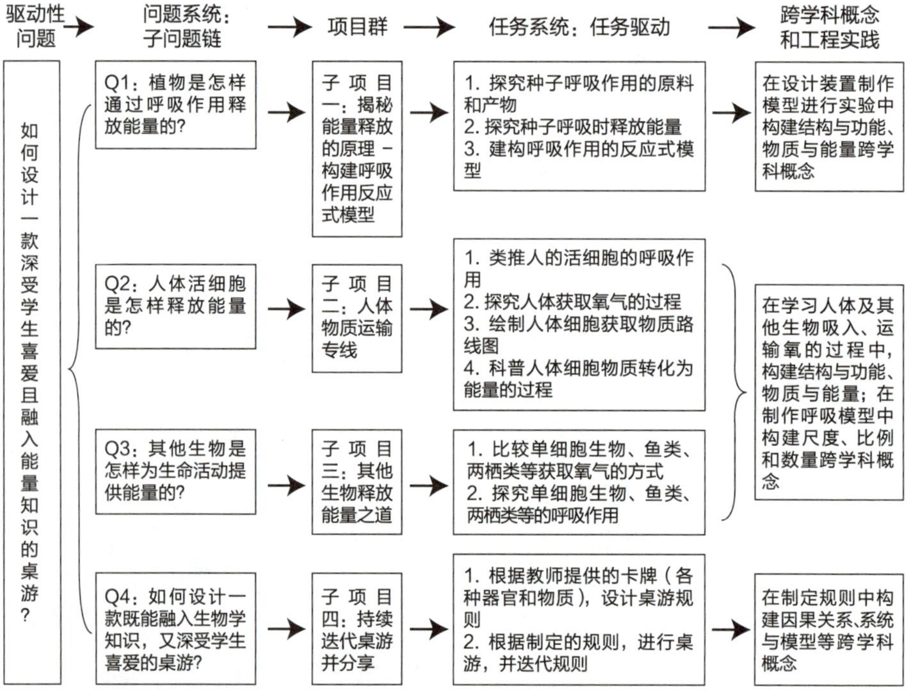

图 4-5　“我是‘能量大富翁’桌游设计师”项目的内容结构

所需课时：8 课时（导引课和展示课各一节）

以下是“我是‘能量大富翁’桌游设计师”导引课的流程。

环节一　创设情境，启动项目

活动一：课前热身

①阅读项目式学习任务单上的桌游知识。

②向小组其他同学推介自己最喜欢的一款桌游，介绍游戏规则，并说明喜欢的原因。

活动二：出示图片，介绍最受学生喜欢的场所——学校娱乐空间。娱乐空间内有多种多样的桌游，请同学们介绍其中自己最喜欢的桌游。教师推介娱乐空间内的“‘细胞’工厂桌游”（如图 4-6），并邀请学生体验该桌游。

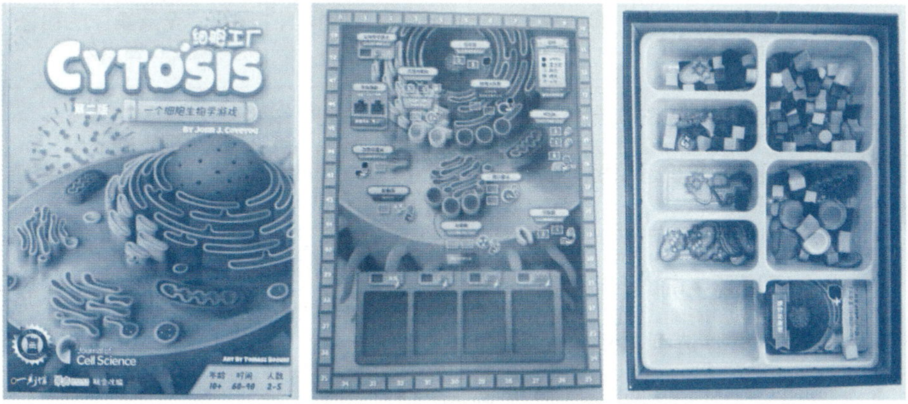

图 4-6　“细胞”工厂桌游

活动三：引导学生设计一款与生物学有关的桌游。

【设计意图】经济合作发展组织（OECD）通过文献检索与不同领域专家咨询总结出了 6 大类创新教学法，分别是：混合式学习、游戏化、计算机思维、体验式学习、具身学习、多元读写与基于讨论的教学。本环节通过游戏化、体验式学习等方法激发学生的兴趣和参与热情，增强学生的感性认识，使其感受本项目所探究的问题的真实存在，并期待通过项目式学习来解决该问题，使学生对自己所学的内容产生意义感和价值感。

环节二　明确任务，发现问题

活动一：请大家以桌游设计师的身份，设计一款以“能量大富翁”为主题的桌游。要求该桌游既可以充实娱乐空间，还可以在“辛安集”上售卖。

活动二：学生借助教师提供的“细胞”工厂桌游游戏，讨论桌游的成功标准，给优秀级桌游“画像”，形成评价量规。

表 4-2　“能量大富翁”桌游设计量规

维度	设计专家	设计高手	设计新手
项目价值	□极大地激发学生学习生物学的兴趣和热情，显著地提高学生学习生物学的效率 □在“辛安集”的销售榜中居前 10 名	□能较好地激发学生学习生物学的兴趣和热情，提高学生学习生物学的效率 □在“辛安集”的销售榜中居 10 至 30 名	□能激发学生学习生物学的兴趣和热情，能提高学生学习生物学的效率，但效果一般 □在“辛安集”的销售榜中居 30 名以外
科学性	□没有科学性错误 □游戏规则清晰、合理，设计中正确运用相关生物学知识	□有不多于 2 处错误 □游戏规则较清晰、合理，设计中基本正确运用相关知识	□有超过 3 处错误 □游戏规则不清晰、不合理，不能正确运用相关知识
美观性	□色彩丰富，搭配合理 □画面清晰、字迹工整 □桌游造型美观，质感好	□有一些色彩，搭配较合理 □画面较清晰、字迹较工整 □有较好的设计，有一定的质感	□没有色彩搭配 □画面不清晰、字迹潦草 □没有造型设计，质感差
互动性和趣味性	□互动性强，能实现两人及以上对战 □玩家有充足的交流 □有大于 3 处的亮点 □能吸引玩家兴趣	□有一定的互动性，基本满足单人或两人对战 □玩家有一定的交流，但交流时间较少 □有 1~2 处的亮点 □有一定的趣味性	□没有互动性，无法实现对战 □不能实现玩家交流和互动 □无新意，作品无亮点 □游戏内容不吸引人

活动三：组织学生进行“头脑风暴”，提出 1~2 个与“能量大富翁”“桌游”有关的问题，填写在任务单的“发现问题”（表 4–3）中。头脑风暴的“六不”原则：不评价、不打断、不否定、不扩展（只说要点和关键词）、不修改、不回应。

表 4-3 “发现问题”STW 表

S 我看到了	T 我想到了	W 我想知道 ......

活动四：以小组为单位进行讨论，从所有组员的问题中遴选出一个最好的。集全组之力，优化该问题，在班内汇报。

【设计意图】发现一个问题，比解决一个问题更重要。本环节针对项目主题和启动项目环节所创设的情境，通过“头脑风暴”提出问题，有利于培养学生的发散思维（创新思维的一种重要形式）和问题意识。在此基础上，再通过小组讨论，对照“好问题”的标准遴选“好问题”。在此过程中，学生可以进行思维碰撞，这也是聚合思维（创新思维的另一种形式）的过程。

环节三 定义问题，分析问题

活动一：教师综合各个小组遴选的“好问题”，提出本项目的驱动性问题：如何设计一款深受学生喜爱且融入能量知识的桌游游戏？

确定驱动性问题后，教师组织学生讨论解决该问题的限制性条件，如时间、成本、制作材料等。

活动二：为了解决上述驱动性问题和制作项目作品，首先要拆解问题。为了降低难度，教师给学生提供了支架——“拆解问题”表（表 4-4），帮助学生拆解问题。

表 4-4 “拆解问题”表

对于“能量大富翁”和“桌游”，我已经知道的有关知识	为了设计一款“能量大富翁”桌游，我还需要知道哪些知识和掌握哪些技能（小贴士：以问题的形式呈现）
示例：光合作用将能量储存在有机物中	示例：什么是能量？储存在有机物中的能量是如何释放的？
1.	1.
2.	2.
3.	3.

活动三：小组讨论，制作“问题条”。每小组遴选三个最好的问题，并将它们写在“问题条”上。

“问题条”评价标准：图文并茂；有美感；有创意等。形式由各小组自定义。

活动四：通过脑筋急转弯“把大象装进冰箱”，使学生明白做事情的各个环节是有先后顺序的。同理，完成一个项目也是有先后顺序的。在此基础上，组织学生讨论，形成本项目的逻辑框架，如图 4–7 所示。

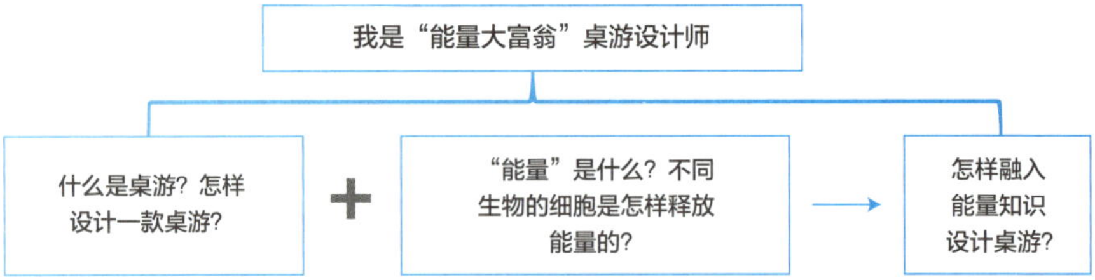

图 4–7　项目的逻辑框架（注：第一步和第二步没有先后顺序）

活动五：画廊漫步（图 4–8）。以小组为单位，一起观看每个小组的“作品”，小组成员一起讨论，选出本小组一致认为最好的 3 个问题，并在上面贴一张点赞贴。

图 4–8　学生画廊漫步图

小贴士：每小组仅有 3 张点赞贴；不能重复点赞；不能给自己的小组点赞。

【设计意图】解决问题的第一步是定义问题，只有定义了问题，才能解决问题。本环节采用师生共同定义问题的方式，让学生明确解决问题的限制条件、时间、成本、材料等，提高学生的参与度。导引课，甚至整个项目实施的过程中都在不断地提出问题，持续探究是项目式学习的核心和主线。折解问题是解决问题的关键，本环节教师给学生提供拆解问题的支架，降低了拆解问题的难度。已形成规程的画廊漫步，可以提高课堂效率和每位同学的参与度，通过在学习中相互借鉴、相互提建议，培养学生的批判性思维。画廊漫步后，还可以组织各小组对其他小组提出的建议进行论证和物化成果迭代，形成给予反馈、接收反馈、接受反馈和回应反馈的“闭环”流程。

环节四　问题转化，项目规划

活动一：根据点赞贴的数量，评选“人气最高”的问题。再从获得点赞贴较少的问题中“淘”出有价值的好问题，进行归类。

活动二：根据解决问题的先后顺序，对问题进行排序，形成结构化的“任务链”。项目规划时，一个问题对应一个子项目，将散落的知识碎片融入子项目，形成“项目群”，这有利于课程的逐步深入与学生思维的纵深发展。

活动三：通过小组讨论形成阶段性成果及其评价方式，绘制里程碑（图4-9）。绘制里程碑前需要先让学生明确评价标准，即从导引课到探究课，再到展示课，任务要明确，选取关键活动和阶段性成果；定义最终成果和阶段性成果，并对阶段性成果进行形成性评价，对最终成果进行终结性评价；要体现“逆向思维”，以结果为导向，将项目式学习的日程、人员分工、资源准备等要素清晰地呈现出来。

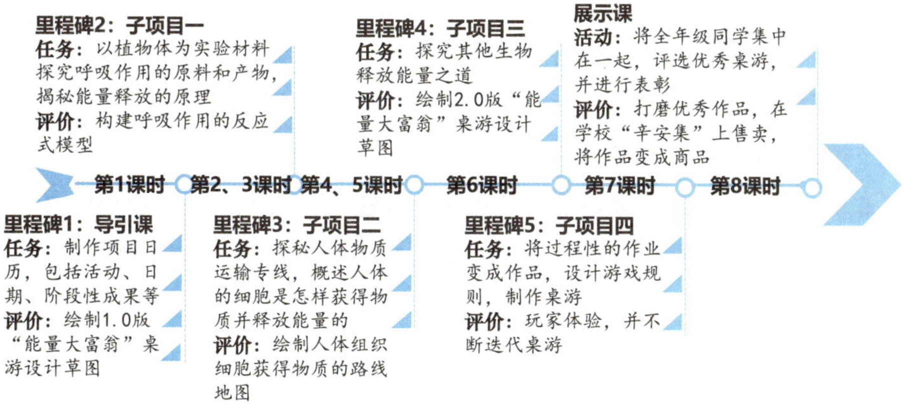

图4-9　里程碑

活动四：明确团队成员的角色分工。结合贝尔宾团队角色理论[①]进行分工，如表 4–5 所示。分工时可以一人承担多种角色，也可以多个成员承担一个角色。教师在安排角色时，尽量让每个学生都兼任到三个类别的角色中。

表 4–5　贝尔宾团队角色

角色		角色责任
思考导向类	创新者	充分发挥自己的想象力，能够为团队建设和发展出谋划策；遇到困难时，积极思考有效的解决方法
	审议者	对项目任务进行全方位考虑，对所有观点和行动进行判断性思考
	专家	在某一领域掌握丰富的专业技能和知识
沟通导向类	协调者	团队的管理人员，了解每位成员的长处，可以分派工作，专注于达成团队目标
	凝聚者	团队的心脏和灵魂，能全方面地关心和帮助其他成员
	联络者	了解外部动向，搭建团队与外界的桥梁
行动导向类	推进者	团队目标的推进者和领袖，推动团队专注地按照计划向前推进
	执行者	规划事半功倍的工作计划，并踏实工作，付诸实践，是产品的直接制造者
	完成者	重视细节，在产品临近尾声时仔细打磨，确保高质量产出

【设计意图】创造性地解决问题是项目式学习的核心特质，学生素养发展、课程内容和问题导向是项目式学习子项目安排的主要依据。问题转化是本节课的重点，也是项目实施的难点。通过对“问题条”的归类和排序，来将真实问题转化为学科能够解决的生物学问题。规划项目是启动项目后的首要任务，也是项目开启的关键。规划项目的过程也是绘制项目“蓝图”的过程，为绘制“施工图”——制订方案奠定了基础，提供了保障。让学生进行项目规划有助于建立项目归属感，增强学生的认同感，鼓励学生表达自己的想法。

（5）布置作业：绘制 1.0 版“能量大富翁”桌游设计草图。教师提供

① ［美］R. 梅雷迪思·贝尔宾：《团队角色在工作中的应用》，李和庆等译，机械工业出版社 2017 年版，第 105 页。

的支架包括调研问卷的设计框架和要求、学校娱乐空间内的各种桌游等。

【设计意图】利用课下时间让学生搜集有关桌游的知识，可以调研学生需求，设计 1.0 版的桌游草图，从而体现项目式学习的“客户”思维，满足“玩家”需求。

附：项目式学习学生指南

导引课结束后，为了让学生清楚地了解项目式学习的时间进程、表现性评价任务及其在项目式学习中承担的职责或角色，建议在项目启动后为学生发放“项目式学习学生指南”（表 4–6）[①]，指南中包括但不限于驱动性问题、项目任务、学习日程、角色分工等要素。

表 4–6　项目式学习学生指南

<table>
<tr><td>姓名：</td><td>角色：</td><td>组名：</td><td>职责：</td></tr>
<tr><td colspan="4">小组公约：
其他成员角色：</td></tr>
<tr><td>项目主题</td><td colspan="3"></td></tr>
<tr><td>核心任务</td><td colspan="3"></td></tr>
<tr><td>核心问题</td><td colspan="3"></td></tr>
<tr><td>1. 关于 xxx 主题，我已经知道了哪些知识?</td><td>2. 关于 xxx 主题，我还想提出哪些问题?</td><td>3. 我想产出哪些项目式学习成果？如何展示?</td><td>4. 在本次项目中，我可能用到哪些资源?</td></tr>
<tr><td></td><td></td><td></td><td></td></tr>
<tr><td>与小组成员交流后的补充：</td><td>与小组成员交流后的补充：</td><td>与小组成员交流后的补充：</td><td>与小组成员交流后的补充：</td></tr>
<tr><td></td><td></td><td></td><td></td></tr>
<tr><td rowspan="2">子问题 1</td><td>任务 1：</td><td>阶段性产品 1：</td><td>时间点 1：</td></tr>
<tr><td>任务 N：</td><td>阶段性产品 N：</td><td>时间点 N：</td></tr>
</table>

① 桑国元等：《项目式学习教师手册》，北京师范大学出版社 2023 年版，第 153~155 页。

续表

子问题 N	……	……	……
最终产品及展示方式			
里程碑或故事板			
每日反思			
……	……		

2. 探究课

项目式学习的探究课与传统课堂的探究课有明显的不同，如每节课都要指向问题解决，每个任务都要服务于项目作品的完成，每节课都要检查项目进度。关键要素如图 4-10 所示。

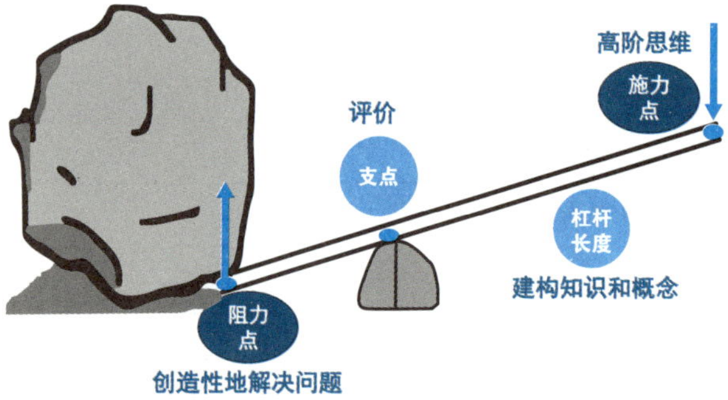

图 4-10　探究课的关键要素及其之间的关系

由图 4-10 可知，解决问题既依赖“知识和概念”，又依赖“高阶思维”。创新源于知识，“知识和概念”为我们的创新、创意、创造提供基础，而“高阶思维”则帮助我们突破限制，找到创新的解决方案。可以将“知识和概念”比作杠杆，杠杆的长度就是我们掌握的“知识量和概念体系”。以“评价”作为“支点”，评价主要包括表现性评价、过程性评价、形成性评价和增值评价等。“力度”就是“高阶思维”，如创新思维、批判性思维、系统思维、设计思维等。

要想通过探究课更好地解决问题，就必须增加杠杆的长度、施力点的力度，以及巧妙设定支点的位置。这意味着，要想成为解决问题的高手，不仅要拥有丰富的知识体系和思维体系，还要找准支点。这就是探究课的关键要素。

下面就以“鲁迅成长博物馆我建设”学习项目中的子项目一“制作鲁迅成长轨迹图”为例，来具体介绍探究课的实施流程。

（1）项目学习目标

①能够了解默读的要求，进行有速度地默读，达到每分钟 300 字以上。

②能够圈点勾画标题、开头、结尾和承上启下等关键语句，迅速了解文章大意。

③能够概括《从百草园到三味书屋》的关键事件，赏析精彩的景物描写和人物描写片段，从而体味鲁迅的成长过程。

④能够圈点批注《朝花夕拾》中人物的外貌、动作、语言等描写，概括相关事件，分析人物的性格形象，探究各人物对鲁迅的影响。

⑤能够通过对鲁迅童年与青少年生活的理解，关照自身，反思成长。

（2）项目驱动性问题

成长是一种怎样的体验？

（3）项目作品

项目作品如图 4-11 所示。

图 4-11 “鲁迅成长博物馆”作品（1）

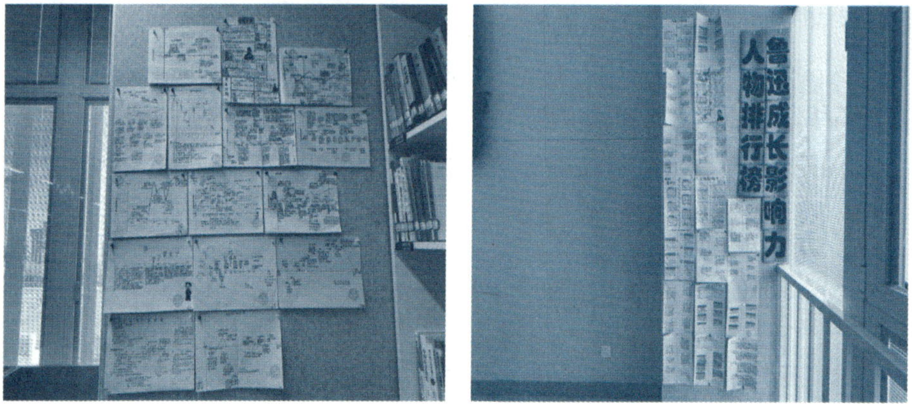

图 4-11　“鲁迅成长博物馆”作品（2）

（4）GRASPS 工具设计项目任务（表 4-7）

表 4-7　利用 GRASPS 工具设计“鲁迅成长博物馆我建设”项目任务

目标（G）	为纪念革命先驱鲁迅先生，在学校公共空间，打造鲁迅成长博物馆
角色（R）	博物馆策展员
受众（A）	学校全体师生
处境（S）	2023 年 10 月 19 日是鲁迅逝世 87 周年纪念日，为纪念革命先驱鲁迅先生，让全校师生对鲁迅先生的成长历程有更全面更深入的了解，语文组计划将教学公共区域的一处空间打造成鲁迅成长博物馆
产品和表现（P）	鲁迅成长博物馆
评价标准（S）	S1. 我能通过参观北京鲁迅博物馆，了解博物馆建设所需要的资源；我能通过默读和圈点勾画关键语句，概括鲁迅成长中的关键事件，绘制鲁迅成长轨迹图 S2. 我能通过圈点批注《朝花夕拾》中人物的外貌、动作、语言等描写，概括相关事件，分析人物的性格形象，制作关键人物卡片，探究各人物对鲁迅的影响 S3. 我能结合时代背景和《朝花夕拾》中的关键事件，深入理解鲁迅身边的人物对其影响，制作对鲁迅产生影响的人物排行榜 S4. 我能通过阅读《朝花夕拾》，关注自身的学习和生活，给鲁迅先生写一封信 S5. 我能根据鲁迅成长博物馆的特点，选择学校合适的公共空间，打造鲁迅成长博物馆

“鲁迅成长博物馆我建设”的整体项目规划如表 4-8 所示（注：各个子项目间是递进关系）。

表 4-8 “鲁迅成长博物馆我建设”项目规划表

项目规划	导引课：轻扣时空之门	子项目一：绘制鲁迅成长轨迹图	子项目二：制作人物卡片，完成群像素描	子项目三：制作鲁迅影响力排行榜	子项目四：写给鲁迅的一封信	展示课
课时数	1	5	1	1	1	1
项目进度	参观鲁迅博物馆，了解建设博物馆需要的资源	精读《从百草园到三味书屋》，阅读《朝花夕拾》，梳理鲁迅成长大事件	精读《朝花夕拾》中的重点篇目，找出对鲁迅有影响的人物，制作人物卡片	总览《朝花夕拾》，梳理身边人物对鲁迅的影响力，制作影响力排行榜	通过项目学习，选择任一主题，给鲁迅先生写一封信	布置鲁迅成长博物馆

“子项目一：绘制鲁迅成长轨迹图”是学生在精读《从百草园到三味书屋》和《朝花夕拾》整本书后的一个子项目，旨在帮助学生精读文本，研读重点篇目，还原鲁迅的成长轨迹，多角度分析鲁迅形象。以下是该子项目的课堂教学实施流程（图 4-12）。

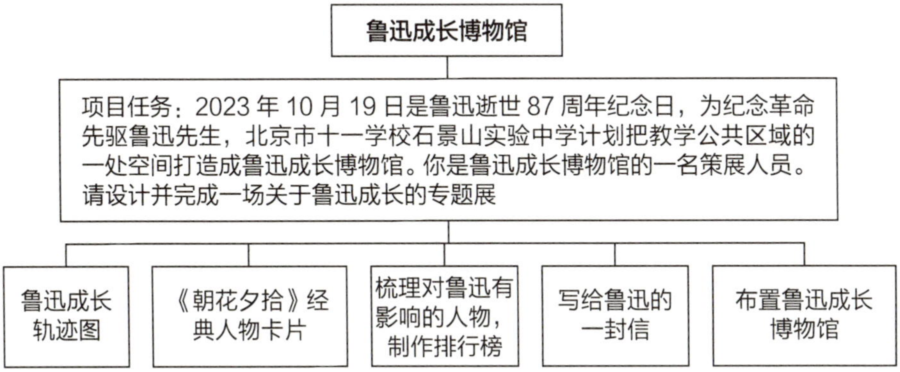

图 4-12 项目“鲁迅成长博物馆我建设”框架

环节一 回顾旧知，思考上节课在推进项目中的地位和作用

活动一：组织学生参观北京鲁迅博物馆，根据老师提供的材料，了解博物馆建设需要的资源。

活动二：参观结束后，思考学校的鲁迅博物馆与北京市鲁迅博物馆的异同，明确“鲁迅成长博物馆”的定位。

【设计意图】结合项目框架回顾导引课，启动项目。使学生意识到每一个子项目所蕴含的知识和技能都指向核心问题的解决，每一个子项目都要服务于建设鲁迅成长博物馆，为最终的项目成果作出贡献。在整个项目进行的过程中，与项目无关的知识和技能都要舍去，从而使学生形成完整的项目逻辑，学生也能在这一过程中学会如何为达成整体目标而做出适当合理的取舍。

环节二　发现知识和构建概念

活动一：学生默读课文，思考如下问题：

①小鲁迅在百草园里度过了充实愉快的童年生活，让他久久难忘，请你阅读文章，找出小鲁迅在百草园有哪些乐趣，作者又是如何写出这些乐趣的。

②你能在三味书屋找到百草园的小鲁迅吗？小鲁迅在三味书屋有哪些新生活和新改变呢？

③“从百草园到三味书屋”，不只是场所的变化，这种改变对鲁迅而言意味着什么呢？

学生根据教师提供的问题链，对《从百草园到三味书屋》进行精读，体味鲁迅的成长过程。

活动二：阅读《朝花夕拾》，走进鲁迅的成长世界，概括本书的主要内容，逐一分析篇目主题，与鲁迅一同成长，品味成长滋味（表 4–9）。

表 4–9　《朝花夕拾》内容概括表

篇目	主要内容	表现主题
《阿长与山海经》		
《从百草园到三味书屋》		
《二十四孝图》		
《五猖会》		
《无常》		
《父亲的病》		
《琐记》		
《藤野先生》		

续表

篇目	主要内容	表现主题
《范爱农》		
《狗猫鼠》		

活动三：梳理鲁迅的成长轨迹，看“从百草园到三味书屋”的小鲁迅是如何成长为人们熟知的文学家的（图 4–13）。

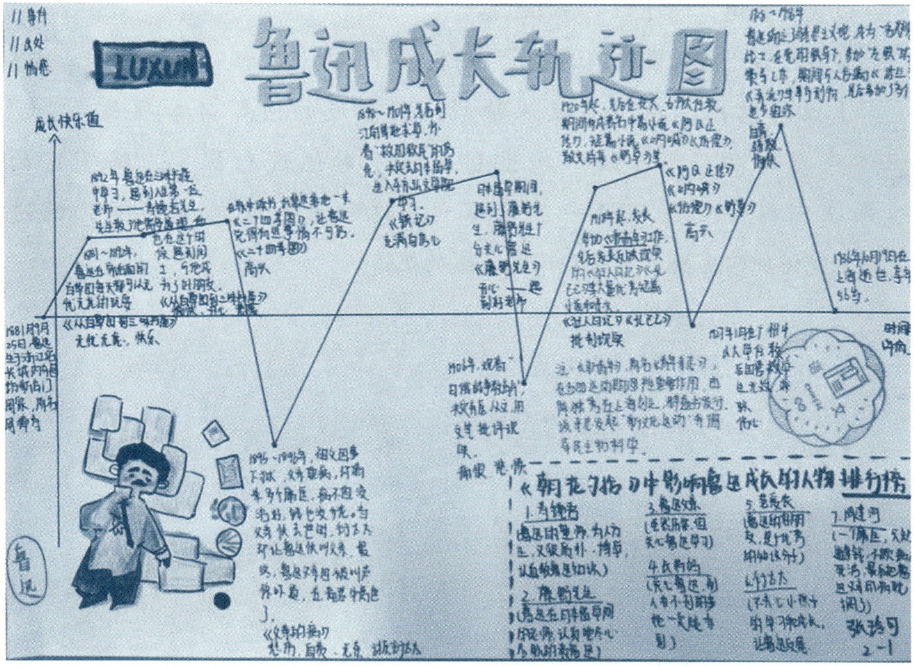

图 4–13　学生作品“鲁迅成长轨迹图”

活动四：以小组为单位推选“鲁迅成长轨迹图”，展示优秀作品，帮助学生梳理鲁迅的成长轨迹。

【设计意图】从《从百草园到三味书屋》到《朝花夕拾》，从课本经典文章的精读到整本书的阅读，帮助学生拓宽对鲁迅的理解和认识，使其逐渐明白“小鲁迅”是如何成长为我们熟知的文学家、革命家的。在课堂上，通过思维导图的引入，梳理项目的步骤流程，培养学生的语言运用能力、思维能力和审美创造能力。

环节三　检查项目进度，生成持续探究的问题

活动一：在整堂课结束后，梳理已知、未知和须知的内容，对本课进行反思。

活动二：借助“问题链”进行反思。

①本节课你最大的收获是什么？

②对于鲁迅的成长轨迹，你有什么感悟？

③关于鲁迅，你还想了解什么？

④对于鲁迅成长博物馆的建设，你的新目标是什么？

【设计意图】在项目反思阶段，若生成的问题与本项目无关，但学生感兴趣，可以组织学生利用课下时间进行探究，将探究的结果在班内公共区域进行展示探讨。这种方式既能兼顾项目的进度，又能保护学生提出问题和探究实践的热情。

环节四　布置课外学习任务，梳理鲁迅身边出现的人物，了解他们在鲁迅成长过程中的影响和意义（图 4–14）

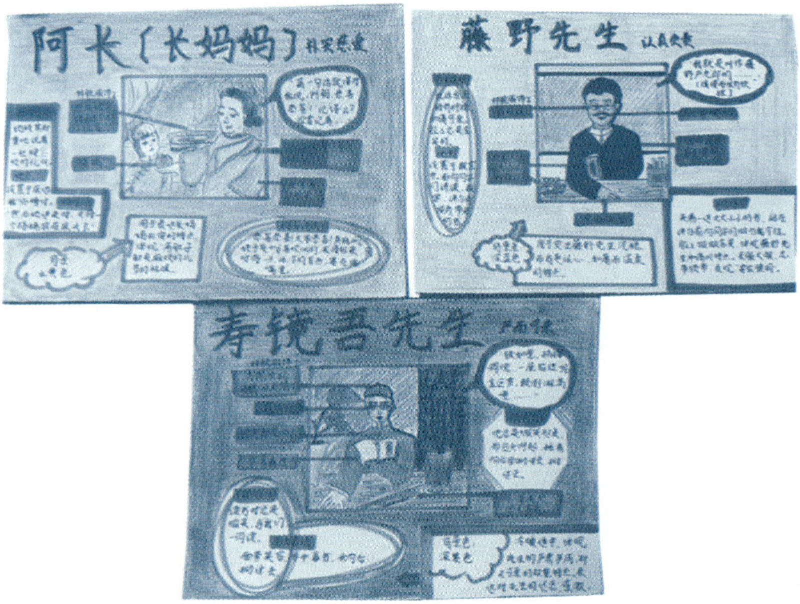

图 4–14　学生作品“鲁迅身边的人物”

①作业评价方式：以小组为单位，根据教师提供的评价量规（表 4-10），生生互评。选择小组最优卡片，推选到班级，班级内进行展示交流、评价与表彰。

表 4-10　“鲁迅身边的人物”卡片制作量规

评价维度	SSR 卡	SR 卡	R 卡
文字	内容（包括样貌、服饰、神情、动作、台词等的介绍）齐全，构想合理，逻辑通顺，文字表述清晰、通畅	内容（包括样貌、服饰、神情、动作、台词等的介绍）基本齐全，构想较为合理，逻辑通顺，文字表述基本清晰、通畅	内容（包括样貌、服饰、神情、动作、台词等的介绍）不齐全，构想不合理，逻辑有问题，文字表述不清晰
设计	排版合理美观，创意十足、有趣	排版较为合理，较为美观，有一定创意	排版不合理，美观度低，毫无创意
配图	贴合人物形象，能体现人物形象特点，构想合理	较为贴合人物形象，较能体现人物形象特点，构想基本合理	不贴合人物形象，不能体现人物形象特点，构想不合理
情感	把握准确，表现形式合理	把握基本准确，表现形式较为合理	把握不准确，表现形式不合理

②作业检查方式：小组内根据量规互评打分，满分 10 分，优秀 8 分，合格 6 分，推选最优卡片，登记学生得分，进行过程性评价。

【设计意图】学生在读完《朝花夕拾》后，梳理了鲁迅的成长轨迹，对鲁迅的成长有了大体的认识，但是这种认识仅仅停留在表面，若想深入了解鲁迅的成长过程，就要深入分析鲁迅身边的人物。本次的课外学习任务就是由浅入深，深入了解鲁迅的成长过程，分析其身边人物对他成长产生的作用。这项任务充分调动了学生的文学和美学意识，培养了学生的思维创造和审美创造能力。

3. 展示课

展示课也并非传统课型，而是一个项目式学习的“闭环”，既有终结性评价，也有反思与进一步探究，是项目式学习不可或缺的环节。其关键要素、流程等见表 4–11。

表 4–11 展示课的关键要素、流程和重难点

课型	关键要素	流程	实施的重点和难点
展示课	时间为 45 分钟，要有仪式感，凝练可迁移的方法论，持续探究	展示与分享→质疑与追问→反馈与迭代→评价与表彰→反思与迁移→进一步探究	重点：物化成果的展示及通过支架的反思 难点：基于反馈的迭代，组织有仪式感的表彰活动，让学生建立自信

下面就以“自制弹簧测力计”项目中的“展示课”为例，具体介绍探究课的实施流程。

（1）项目学习目标

①通过观察常见物体形状的变化，了解塑性形变和弹性形变的区别；利用弹簧的形变感知弹力的存在，认识弹簧的原长、弹簧的形变量以及弹簧测力计的基本结构。

②通过弹簧和橡皮筋伸长的对比实验，提高质疑创新的科学思维；通过迁移推理，解释实际生活中有关弹力的简单现象。

③通过在弹簧下端悬挂相同的钩码，探究弹簧的伸长量与弹簧所受拉力之间的关系；通过现象观察、数据记录、小组讨论等，归纳总结出弹簧测力计的工作原理。

④通过自选弹簧测力计的分度值、测量未知物体重力，提高学生动手实践能力，培养其严谨认真、实事求是的科学态度。

⑤鼓励学生进行创意物化和测试论证，有效提升学生工程思维，并发展结构与功能、尺度、比例和数量等跨学科概念。

（2）项目驱动性问题

为什么弹簧测力计能够测量力的大小？

（3）GRASPS 工具设计项目任务（表 4-12）

表 4-12　GRASPS 设计物理表现性任务

项目名称	自制弹簧测力计
目标 (G)	根据弹簧测力计的测量原理自制一个简易测力计，并撰写使用说明
角色 (R)	小小实验员
受众 (A)	科探课程的师生
处境 (S)	弹簧测力计是重要的力学实验器材，它结构简单、使用广泛，但物理实验室中的弹簧测力计经常被大家拉坏。请同学们通过本项目自制简易测力计，赠送给物理实验室使用
产品和表现（P）	自制弹簧测力计、使用说明
评价标准 (S)	S1. 我能绘制自制测力计的草图，并在草图上标注自制测力计的结构、选材、刻度、创新点等信息 S2. 我能根据所选弹簧确定自制测力计的量程和分度值，在制作时分工合作，并根据实际情况不断迭代草图 S3. 我能依据力学基本知识选择易得、合适、环保的制作材料，结合基本的劳动知识和劳动技能，正确使用劳动工具进行加工和连接，确保自制测力计的结构强度 S4. 我能对弹簧测力计的外观进行装饰和美化 S5. 我能利用自制测力计测量提起未知重力物体所需力的大小，并能采取有效措施提高自制测力计的精确度和准确性 S6. 我能用科学规范的语言正确说明自制测力计的使用方法

以下是本项目展示课的课堂教学实施流程。

环节一　教学准备

①成果发布区：

教师准备的材料有：时间提示牌和反思卡（图 4-15）、项目展示记录表（表 4-13）、评价量表（表 4-14）、彩笔、计时器等。各小组在汇报时，其他同学在表上进行记录，并根据评价量表打分。

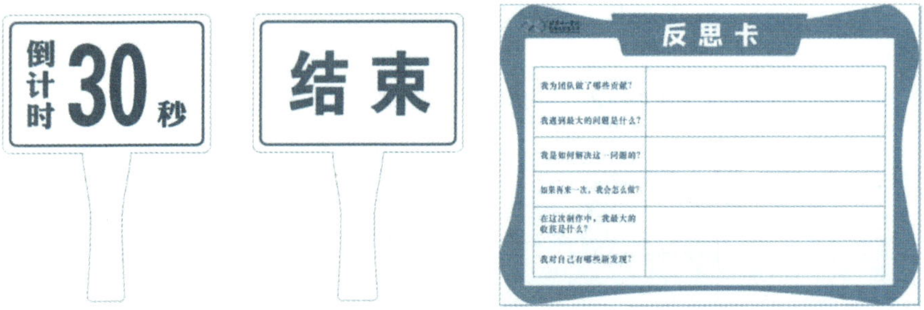

图 4-15　时间提示牌和反思卡

表 4-13　项目展示记录表

组名	令你眼前一亮的内容	需改进之处	综合得分
安培组			☆☆☆☆☆
伏特组			☆☆☆☆☆
牛顿组			☆☆☆☆☆
欧姆组			☆☆☆☆☆
帕斯卡组			☆☆☆☆☆
瓦特组			☆☆☆☆☆

表 4-14　项目展示评价量表

<table>
<tr><th>评价维度</th><th colspan="2">评价标准</th><th>权重</th></tr>
<tr><td>对小组分享的评价</td><td colspan="2">□介绍有序，语言流利生动
□科学规范，原理阐释清晰准确</td><td>☆☆</td></tr>
<tr><td rowspan="4">对自制测力计的评价</td><td>科学性</td><td>□结构合理，具有测力计的基本组成部分
□标记清晰，无科学性错误
□能采取有效方法提高测量的精确度和准确性</td><td>☆☆</td></tr>
<tr><td>实用性</td><td>□选材环保、易得
□结构强度高，能反复使用
□做工精细</td><td>☆☆</td></tr>
<tr><td>美观性</td><td>□外形美观，将自己对美的认识融入作品中</td><td>☆</td></tr>
<tr><td>创新性</td><td>□有创新之处，令人眼前一亮</td><td>☆</td></tr>
</table>

②作品展示区：

展示区有三块白板和一个视频展台，每块白板上挂有两组学生作品。

③画廊漫步点赞区：

项目展示评价量表、不同颜色的磁吸点赞贴等。

④其他：

项目前期学生进行小组合作探究的照片和视频；多媒体课件；定制奖品和证书；自制弹簧测力计的证书。

图 4-16 学生制作项目作品图

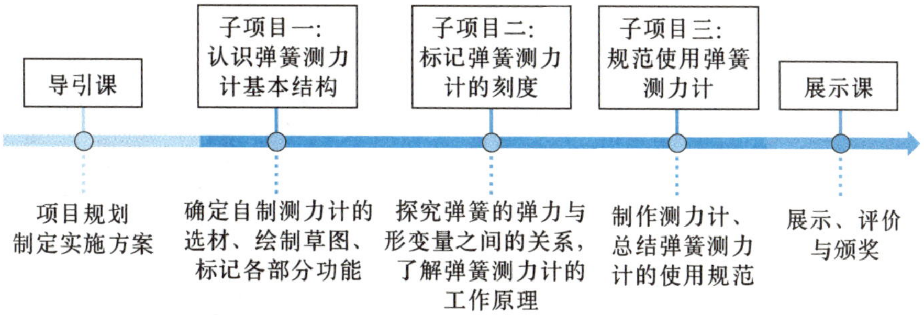

图 4-17 项目规划表

【设计意图】引导学生回顾项目前期的完整内容，并通过照片和视频等多媒体形式，唤起学生对“自制弹簧测力计”这一项目最初的热情。经过“问题—探究—设计—制造—评估—改进”等环节，使学生重温实践探究过程中小组遇到的诸多问题及解决方法，更加深化其对弹簧测力计结构、原理和使用方法的系统化认识。

环节二 项目作品的展示与评价

活动一：教师简述本次成品展览会的流程、时间要求和评价方式等；介绍评价量表中学生应特别关注的条目；指导学生如何使用评价记录表。

活动二：以小组为单位，上台展示自制弹簧测力计。每组计时 3 分钟，在展示过程中，其他小组不能打断，剩余 30 秒时请计时员同学举牌提醒。每组展示结束后，邀请同学互相提问，指出作品存在的问题以及设计的精妙之处等，在肯定优点的同时，提出具体建议。

活动三：各组将自制测力计挂在对应位置，每位同学有三张点赞贴，根据记录的打分情况，除自己所在的小组外，为前三名的小组送出点赞贴，不可重复点赞。

活动四：项目作品的评审团——物理教师代表、实验员教师、实验器材供货商代表进行现场点评。

项目展示评价表

组名	令你眼前一亮的内容	需改进之处	综合评价
安培组	坚固、外形美、圆环固定	没有用尺子，没有标记单位	5 ☆
伏特组	[illegible]固定，增加我们学校标志，设计美观	分度值、[illegible]不一样，产生误差	6 ☆
牛顿组	使用榫卯结构，背面用螺丝固定	刻度不清楚，分度值太大，可以在美观一点	5 ☆
欧姆组	刻度精细，等分法标记小刻度，设计美观	第一段刻度存在[illegible]不够准确	8 ☆
帕斯卡组	木纸板固定，刻度精准	可以在美观一点，不够精美	7 ☆
瓦特组	铁丝用火烧，提示标准	不够精美	6 ☆

小贴士：请认真倾听并记录，给出您中肯的评价哟！综合评价中满分是 8☆，请在横线上标出各小组得分。

评委签名：[illegible]

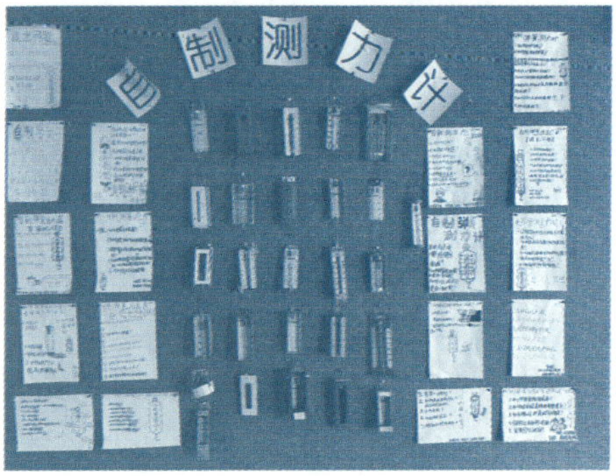

图 4-18　学生展示自制的项目作品

【设计意图】引导学生用科学规范、重点突出、逻辑清晰的语言进行展示，提高其表达交流能力。让学生在倾听他人发言时，学会提取信息，并提出自己的观点或建议，通过取长补短实现对学习过程的有效反思。学生作为评委进行相互点赞，充分发挥学生的主体性，实现“以评促学”。同时，通过邀请物理教师代表、实验员教师、实验器材供货商代表等评审员，增强学生的社会角色认同感，促进学生从真实世界的需求出发来解决实际问题，提高自制弹簧测力计的科学性和实用性。

环节三　表彰

活动一：由记分员同学计算各组总票数，确定获奖小组名单。

活动二：邀请嘉宾为获奖小组颁奖（图 4–19），获奖小组发表获奖感言。

图 4–19　展示课中的颁奖及奖品

【设计意图】在相互点赞的氛围中增进师生、生生之间的感情，让学生进一步体验成功的喜悦，有利于培养学生的自信心，促进学生思维品质的提升、科学观念的形成和核心素养的发展。

环节四　反思与进一步探究

组织学生填写反思表（表 4–15），归纳总结测量工具的一般特征与研究思路。

表 4–15　反思表

我为团队作了哪些贡献?	
我遇到的最大问题是什么?	
我是如何解决这一问题的?	
如果再来一次，我会怎么做?	
在这次制作中，我最大的收获是什么?	
我对自己有哪些新发现?	

【设计意图】工具是科学与技术的物化成果，创造和使用工具是人类智慧的重要体现。通过展望与归纳，可以延伸“自制弹簧测力计”这一项目的意义，引导学生关注测量工具背后的科学原理和工程意义，也使学生对未来各类测量工具的使用充满期待。

注：探究课的案例由唐甜提供，展示课的案例由梁雪薇提供。

章"彩蛋"

2018年，巴克教育研究所重组为PBLWorks，推出高质量项目式学习（HQPBL），该设计一共有6个维度，其中3个源自于2015年巴克教育研究所提出的黄金准则：真实性、公开产品、回顾和反思。有1个维度来自2015年巴克教育研究所提出的项目化教学实施黄金准则：项目管理。HQPBL新增加的2个维度为：协作、智力挑战和成就。HQPBL体现了以学生的学习为中心，关注学习的过程的理念。我们针对HQPBL的6个维度研发了高质量项目式学习的品控指南，详见表4-16。

表4-16 高质量项目式学习的品控指南

维度	评价指标	成功标准
设计	学习目标	1. 基于课程标准，指向核心素养，做到：清晰、适切、可操作、可评估 2. 以学生为主体，格式：情境 + 知识（体系）与技能 + 学科课程要培养的核心素养
	项目作品及展示形式	1. 项目作品丰富多样，以项目作品为任务驱动学习过程 2. 展示形式有仪式感，让学生有成就感和获得感，使学生获得自信 3. 评价与反思贯穿始终，有基于证据的迭代过程
	驱动性问题	1. 具有真实性和情境性，能激发学生兴趣，指向学科课程要培养的核心素养 2. 学生自主生成问题，核心问题贯穿学习全程 3. 符合问题解决逻辑，以驱动性问题统摄问题链或串
	项目规划和任务活动	1. 系统性规划项目和子项目，各子项目符合完整做事的逻辑，体现项目逻辑 2. 确保核心活动促进内容理解，便于建构概念和解决问题，确保主次活动具有一致性，将核心知识、关键能力与项目融合 3. 课上和课下统筹安排挑战性、富有差异的学习活动
实施	项目导引	1. 学生自主提出核心问题 2. 学生自主规划子项目，形成问题解决方案，充分体验问题解决的路径、角度与思路 3. 教师给学生提供思维工具：KWH/KWL表、"头脑风暴"、问题解决流程图等

续表

维度	评价指标	成功标准
实施	项目过程的监控与管理	1. 营造有安全感、创造性、挑战性的课堂文化 2. 对项目进度进行监控、评价、调整，准确了解学生的难点，并搭建支架和资源 3. 推行小组合作学习，像真正专业领域的团队一样运行。学生与其他学校的学生、专家、社区人员开展合作 4. 建立深度的探究式对话，学生学得深入，思考有批判性，问题解决方案有创造性 5. 知识与能力建构要与项目相关，根据学生实际，及时调整教学活动
	项目支持	1. 教师适时提供个性化的素材与资源，包括工具和“脚手架”等 2. 教师适时进行多维度技能指导、思路引导，指导学生学习，成为学生的“教练”“向导” 3. 教师要有必要的示范，呈现证据，并进行有针对性的反馈或评价
	项目总结与反思	1. 总结知识、技能，在调试、测试中评估纠错，在后续使用中迭代更新 2. 反思路径、方法，通过强化和外显，不断提升，持续探究 3. 借助支架反思整个项目进程
评价	评价内容	1. 对核心活动的评价包括评价内容、评价任务和评价标准三个方面，评价目标与学习目标要一致，评价任务要与学习任务整合，与学习活动进行一体化设计 2. 运用表现性评价从知识掌握与应用、解决问题的思路方法、价值观念的发展等三个方面评价，体现出一致性、系统性、过程性和激励性 3. 项目作业形式多样，契合“双减”政策，且符合项目任务的一体化设计，服务于课后服务，聚焦核心素养
	评价方式	1. 评价方式多元，坚持定性与定量相结合、过程性评价与终结性评价相结合 2. 评价主体多元，包括老师、同伴、自己、社区人员、家长、专家等，实现多元评价
学生学习	问题解决	问题素养增强，善于发现问题和解决问题
	项目作品的创新性	1. 作品新、适用、实用，且能解决核心问题 2. 基于反馈能不断迭代自己的项目作品
	知识与能力建构	1. 运用思维导图构建知识体系，体现知识点之间的内在关联 2. 通过“做中学、用中学、学中做、创中学”培养关键能力
	学生感受	效能感提升，深刻感受到自身变化与成长

第五章
对项目式学习进行管理的“六大主线”

世界著名教育家肯·罗宾逊爵士说：“每个农民或园丁都知道不能拔苗助长。植物是自己生长的。你要做的就是为生长提供条件。”农夫不仅要将种子撒到地上，还要采取施肥、修剪、浇水、喷洒农药、防治病虫害等田间管理方法，才能让所有植物都茁壮成长（图 5–1）。

图 5–1　农民耕作图

教师就像农夫一样，在项目管理中被喻为项目经理、教练、顾问、向导等。学生可以自主学习，也可以两人一组结对学习，还可以在多人小组中学习。教师要在学生需要时及时提供指导、资源支持或帮助，确保学生能顺利地完成项目，并非每一步都要亲自带着学生按部就班地做项目。项目实践过程中，学生是学习的主人，也是项目经理，与老师共同监控项目的进度。

在项目式学习中，教师作为项目的管理者，将扮演不同的角色，如教练、资源供给者等，要成功地管理好项目式学习的全过程。在这个过程中，需要使用一些工具和策略方法，使项目过程结构化，并可以被进行评价。本章介绍项目管理的“六条线”，这“六条线”贯穿项目式学习的始终，是项目式学习实施的主线（图 5–2）。

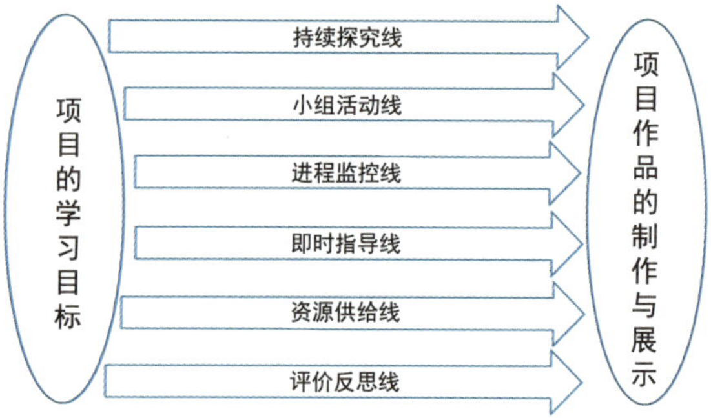

图 5–2　项目管理的“六条线”

1. 持续进行探究

项目式学习是一种问题驱动、注重持续且深入探究的学习方式。作为一种探究性教学方式，项目式学习在本质上是一种跨学科的探究式、体验式学习方法。探究意味着迎接挑战，而不是简单机械地重复学习书本知识。基于探究的学习应该更加注重提问、假设、新思想和新观点的开放性。如果学生进行真正的探究，他们就会发现学习过程更有意义，而项目式学习的探究性本质，要求学生遵循一条项目主线：驱动性问题—获取资源—测试想法—发现答案—得出结论。这种持续、真实、深入的探究，往往能引发创新，即催生一个驱动性问题的新答案，或者一个问题的独立解决方案。

项目式学习的核心是创造性地解决问题，最终目的是指向核心知识的学习与高阶思维的训练。项目式学习解决的问题不仅能够激发学生的高阶思维，还能通过对驱动性问题的拆解，形成子问题构成的问题链，使项目式学习具有结构化的特点。项目式学习是一个由驱动性问题及一系列子问题来驱动学生去主动探究和学习的，是问题驱动，而不是任务驱动。[①] 在问题解决的过程中，学生持续参与一段时间的探究过程，去提出问题、寻找资源和获取支持。在项目推进的过程中，项目式学习实施的逻辑是子问题逐个解决的过程，以子问题为框架规划项目进程。[②] 子问题的关系，既有递进的（图 5–3），

① 桑国元等：《项目式学习教师手册》，北京师范大学出版社 2023 年版，第 57~58 页。

② 夏雪梅：《项目化学习的实施：学习素养视角下的中国建构》，教育科学出版社 2021 年版，第 89 页。

也有并列的（图 5–4），还有递进与并列混合的（图 5–5）。

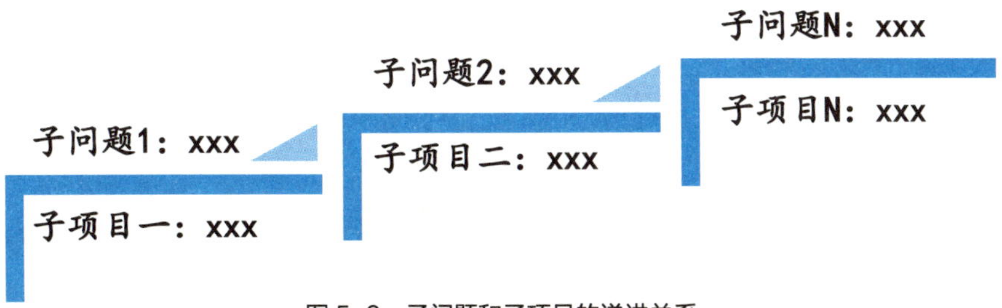

图 5-3　子问题和子项目的递进关系

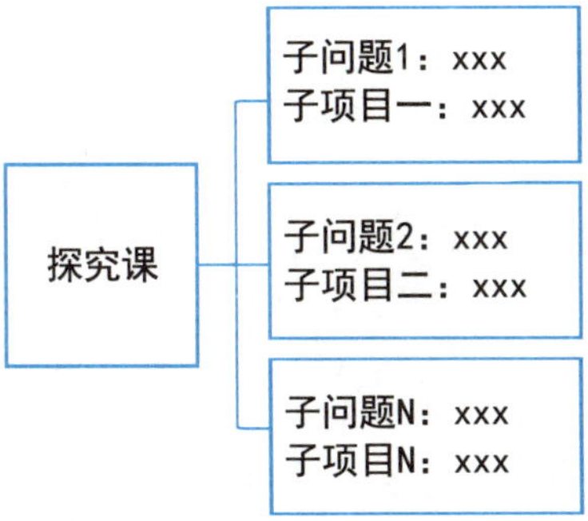

图 5-4　子问题和子项目的并列关系

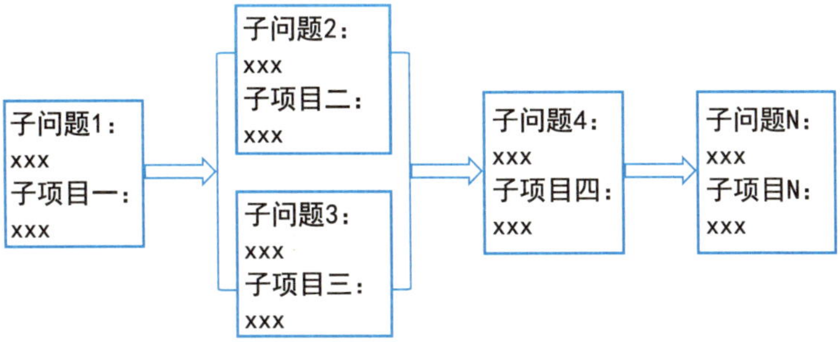

图 5-5　子问题和子项目的递进和并列的关系

如图所示，子项目像一串珍珠，驱动性问题像线，驱动性问题将子项目或子问题串联成项链，使得项目式学习的持续探究过程不是孤立的，而是围绕驱动性问题逐步深入开展的。每个子问题都有对应的阶段性学习成果，这也为项目式学习进行阶段性评价与批判性反馈提供了证据。阶段性产品的完成质量将直接反映学生对驱动性问题的理解程度以及相关知识的掌握情况。在子问题解决的过程中，教师要帮助学生明确探究的范围和学习任务，寻找解决子问题的可能途径。

2. 组建和管理小组

“自主、合作、探究”是2011年版义务教育各学科课标倡导的学习方式，课程标准在此基础上增加了“创新实践”。小组合作学习以小组为单位，发挥群体功能，激发每一个组员的学习动力，使大家共同完成学习任务（图5-6）。

图 5-6　小组合作学习中的组员表现

项目任务具有一定挑战性，需要小组合作才能完成，因此，小组合作学习是项目式学习的标配，也是项目式学习非常重要的特点之一，选择合适的分组方式也是项目计划和管理的一部分。在项目式学习中，学生也可以先独立自主学习，在制作项目作品和展示项目作品时再进行合作。

著名心理学家布鲁斯·塔克曼（Bruce W.Tuckman）的合作学习小组生命周期模型[①]（图 5-7）将小组合作学习分为五个阶段。

① Tuckman, B. W., Jensen, M. A. C., “Stages of Small-Group Development Revisited”, *Group and Organization Studies*, no.2(1977).

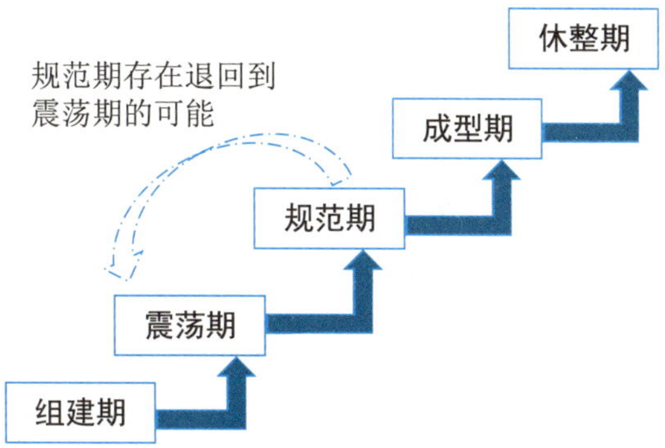

图 5-7 合作学习的五个阶段

合作学习五个阶段的特点及教师的作用，见表 5-1。

表 5-1 小组合作各阶段的特点与教师的作用

阶段	特点	教师的作用
组建期	项目小组开始建立，成员刚刚见到彼此，在形成期团队的生产效率很可能不高，但这个阶段也是一个厘清团队目标、建立团队基本规则的好时机	在这一阶段厘清团队目标、建立团队基本规则
震荡期	各种想法已经形成，并开始产生激烈碰撞和竞争。反对、争执时有发生，存在人际冲突的可能	尊重差异，包容理解，鼓励成员基于团队目标解决冲突
规范期	事物发展的规律总是螺旋式前进的，团队的建设也不例外。在这个阶段，冲突就大大减少了。因为经过磨合，团队成员已经熟悉彼此，技能、工作方式、在团队里的定位等都比较清楚了，团队的价值、规范、方法、工具等也已经建立，项目随之进入稳定期	在这个阶段应该有耐心，等待、观察，给予学生更大的自治性，鼓励小组自己作决策
成型期	在这个阶段，成员已经磨炼出了解决冲突的能力，会花更少的时间在人际关系上，更关注工作。在这个阶段，团队成员进行自我管理、精进目标、提高效率	这个阶段要做好的是支持和服务，让团队独立自主地开展工作
休整期	团队完成其使命，开始解散，团队成员有失落感	安抚团队成员，引导他们进行评价与反思

处于不同阶段的项目小组可能会遇到不同的问题，教师要针对不同阶段展开不同的干预、指导和支持。具体的方法、步骤如下：

（1）组建小组的方式

分组的方式有三种：第一种分组方式是教师根据组内成员的特点、项目的性质，综合考虑，在项目式学习设计时提前分组。这种分组方式的优点是保证所分小组为异质小组，避免优秀学生“扎堆”。不足之处是没有充分尊重学生意愿，没能让学生自由选择。第二种分组方式是根据学生的意愿按照不同项目任务进行分组，允许学生更多地作出自己的决定，这可能会增加他们的认同感。但这种分组的方式要在实施前对学生加强引导，确保他们作出的选择是明确的，同时提醒学生组建小组时和最要好的朋友合作可能不是一个最好的选项，因为这样学生可能意识不到或看不到其他同伴可能为项目带来的价值。第三种分组方式是通过小游戏进行分组，如动物卡和四色卡纸等方法，具体见表 5–2。

表 5–2 游戏分组法

分组方法	资源	优点	不足
给学生提供六种动物卡片，学生选取一张自己喜欢的“动物卡”，然后坐到贴着对应动物名称的座位上	Ⅰ设计问卷，调研学生最喜欢的动物 Ⅱ从中遴选四种不同类型的动物，搜集图片，制作成动物卡 Ⅲ彩色打印 注意：每个班的四种动物不要相同	喜欢同种动物的同学组成小组，有共同爱好	分组不均衡，各小组学生能力有差异，不利于推进项目工作和评价
先确定六个组长，然后将学生分成四大组，分别是“鸿运当头”“再创辉煌”“一帆风顺”“心想事成”，分别分发红色纸、黄色纸、绿色纸、橙色纸	Ⅰ准备四种不同颜色的卡纸，每种颜色的纸的数量为班级总人数除以 4 Ⅱ在每张纸上写上学生喜欢的祝福语。将全班学生按照生物学成绩排序，分成四部分，分别发红色纸、黄色纸、绿色纸、橙色纸 Ⅳ拿相同颜色纸的学生站成一列 Ⅴ持四种不同颜色的纸的学生组成一个小组，也就是说一个小组不能有相同颜色的纸	基本尊重学生的愿意，各小组基本上是异质小组，实力水平基本一致，利于对小组公正评价	可能会出现有些比较调皮的或要好的学生扎堆，给管理带来难度

（2）团队的人数

一般来说，小组 4 至 6 人较为合适，有利于公平地分配工作，培养学生的社会情感能力。一般来说，小组成员数为偶数，也便于同伴相互讲解，提高学习效率。有的活动由学生单独完成，有的活动由两人完成，还有的活动由四人完成，甚至有的活动需要全班同学完成。也可以两人一小组，但这样的分组方式不利于学生碰撞出更多的火花（表 5–3）。

表 5–3　小组的规模和组织方式等

小组规模	使用场合或场所	用途举例
个人（学生独立工作）	居家构思、修改、迭代创意或作品，在家或图书馆查阅资料、网上查阅文献、自主学习等	学生借助项目式学习任务单和教师提供的视频等学习资源自主学习基础知识
两人伙伴	提供一对一的反馈或给对方讲解，分享信息，获得反馈	课堂上比较难的知识，教师讲解后，同伴之间相互讲解，强化理解与记忆
四至六个人（图 5–9）	收集数据，组织访谈，分工合作完成小型项目作品，并展示与陈述	承担较为复杂的任务，组织讨论有挑战性的问题
十二至十六个人（图 5–8）	分工合作完成中型项目作品，并展示与陈述	采取辩论、角色扮演等形式，如以小学校友为单位制作细胞屋，并赠送给小学母校
全班	分工合作完成大型项目作品，并展示与陈述。实地观察，听专家讲座等	大型项目，任务艰巨，挑战性极大。需要将全班分成若干个小组，每小组负责一部分工作，最后汇总起来

图 5–8　多人小组

图 5–9　4 人小组

（3）组内分工

根据学习能力和个人特长确定号码，小组讨论推举小组长。

1 号位：组长，负责领导小组讨论，学业能力要求最高，要求领导力和统筹规划项目的能力强；2 号位：负责本组作业的收发，探究实践的材料准备、收发和保管等，要求严谨认真；3 号位：负责项目实践过程中过程性材料的管理，包括平时的拍照、项目进度的汇报、收交项目日记等，要求细致、执行力强；4 号位：负责本组的课堂纪律和卫生，做到人走位净和人走复原，要求责任心强和具有一定的管理能力。

根据以上要求，组内成员进行分工，并完成小组分工表（表 5–4）。将表张贴在项目墙上。

表 5–4　小组分工表

号码	姓名	组内职责

（4）优秀小组评选的规则

①每节课得分前 50% 的小组是优秀小组，得红旗一面。

②每月末，根据各小组本月累积的红旗数量，将前 50% 评为月优秀小组。根据学生喜好，选择多样的奖励形式。

③根据每学期各小组获得红旗的数量，将前 50% 评为学期优秀小组，并进行奖励，奖品要别出心裁，令学生耳目一新。

小组评价加分标准如下：

①全体组员按时上交作业（包括习题、手工作品、实验材料、课前预习问题的提出）的，给所在小组加 5 分。

②学生作业全部优秀的，给所在小组加 10 分。

③全体组员作业均认真纠错的，给所在小组加 10 分。

④学生制作的作品被学科教室收藏的，给所在小组每人次加 10 分。

⑤课堂小测，小组组员全部满分或达标（不同水平的学生设定不同的目标）的，给所在小组加 10 分。月考，满分的一人次加 20 分。段考或期中，满分的一人次加 30 分。若连续一个月课堂小测均为满分的同学，可获得“免作业卡”一张，有效期为一周。

⑥月考或段考中，第一名所在组，每人次加 10 分。

小组评价扣分标准如下：

①迟到：预备铃响后进入教室，所在小组一人次扣 3 分；上课铃响后进入教室，所在小组一人次扣 5 分。

②违反与老师的约定，所在小组一人次扣 5 分。

③平时将手机放在个人书包内或指定位置，并保持静音状态。违反规定的（老师有特殊要求的除外），所在小组一人次扣 5 分（凡在学科教室内拿出手机就扣分）。

④下课后，对于不能做到“人走复原”（桌椅整齐），地面或抽屉内有杂物者，所在小组扣 2 分。

（5）小组合作的工具

“工欲善其事，必先利其器”。小组合作时可借助多种工具作为支架，增强小组合作效果，如表 5–5、表 5–6 和表 5–7 所示。

表 5–5　小组行为观察表

项目名称：　　　　　　　　　　　小组成员：　　　　　　　　日期：

维度	问题
启动新任务时，小组成员	Ⅰ就计划与分工快速达成一致 所有成员□　大部分成员□　一部分成员□　少量成员□　没有成员□ Ⅱ根据分工迅速开展工作 所有成员□　大部分成员□　一部分成员□　少量成员□　没有成员□ Ⅲ获得项目所需要的材料 所有成员□　大部分成员□　一部分成员□　少量成员□　没有成员□ Ⅳ能够在没有教师指导与帮助的情况下解决问题 所有成员□　大部分成员□　一部分成员□　少量成员□　没有成员□ Ⅴ每位组员都有主人翁意识，具有责任感，对小组负责 所有成员□　大部分成员□　一部分成员□　少量成员□　没有成员□

续表

维度	问题
在做研究时，小组成员	Ⅰ从主要的资源中学习 所有成员□ 大部分成员□ 一部分成员□ 少量成员□ 没有成员□ Ⅱ做笔记 所有成员□ 大部分成员□ 一部分成员□ 少量成员□ 没有成员□ Ⅲ做与主题相关的谈话交流 所有成员□ 大部分成员□ 一部分成员□ 少量成员□ 没有成员□ Ⅳ对重要信息进行评价 所有成员□ 大部分成员□ 一部分成员□ 少量成员□ 没有成员□ Ⅴ专注于完成任务，没有离题或分心 所有成员□ 大部分成员□ 一部分成员□ 少量成员□ 没有成员□
在讨论项目工作时，小组成员	Ⅰ通过提问题，澄清对方要表达的内容 所有成员□ 大部分成员□ 一部分成员□ 少量成员□ 没有成员□ Ⅱ给每个人发言的机会 所有成员□ 大部分成员□ 一部分成员□ 少量成员□ 没有成员□ Ⅲ有效地作出决策 所有成员□ 大部分成员□ 一部分成员□ 少量成员□ 没有成员□ Ⅳ对决策和计划做记录 所有成员□ 大部分成员□ 一部分成员□ 少量成员□ 没有成员□ Ⅴ分享关键信息 所有成员□ 大部分成员□ 一部分成员□ 少量成员□ 没有成员□ Ⅵ专注于完成任务，没有“打酱油”的同学 所有成员□ 大部分成员□ 一部分成员□ 少量成员□ 没有成员□

注：用 5 至 10 分钟来观察一个小组，根据小组成员的参与情况，在最符合的方框内打√。

表 5-6　小组学习日志[①]

我们有以下目标：
我们已经成功完成了哪些？
我们接下来的行动步骤是什么？
我最担心的问题或困惑是：
我们学到了什么？

① [美]巴克教育研究所：《项目学习教师指南——21 世纪的中学教学法》，任伟译，教育科学出版社 2008 年版，第 140 页。

表 5-7 建立共同目标[①]

想法	与我想法的相同点	与我想法的不同点	我们小组形成的想法
驱动性问题			
我的想法			
A 的想法			
探究			
我的想法			
A 的想法			
项目作品			
我的想法			
A 的想法			

（6）小组文化

组建团队后，要共同讨论项目式学习中的注意事项，并建立公约，目的是帮助学生打破传统学习中的一些习惯，鼓励他们主动思考、提问、学习、交流与反思（图 5-10、图 5-11、表 5-8）。

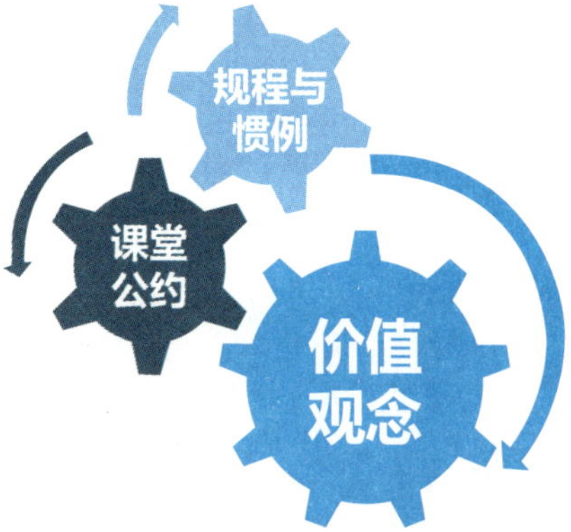

图 5-10 项目独特的文化

表 5-8 项目文化解读

维度	内容
价值观	相信、包容、尊重、公平、赋权、赋能

① ［美］约瑟夫·S. 科瑞柴科等：《中小学科学教学：项目式学习的方法与策略（第五版）》，王磊等译，北京师范大学出版社 2021 年版，第 191 页。

续表

维度	内容
项目式学习公约[①]	亲爱的同学们，从今天起，我们将开启一段项目式学习之旅，为了更好地完成项目，并在过程中获得更多的收获，我们将努力做到： ①大胆地提出问题和想法，不害怕犯错误 ②主动学习新知识，包括课内和课外的知识 ③尝试一些以前没有或不敢的体验，比如公开演讲、戏剧演出等 ④遇到问题，首先可以通过查阅书籍或上网的方式，自己思考解决，其次可以与同学、老师和家长等身边的人进行交流 ⑤角色没有好坏之分，选择适合自己的角色，并为团队贡献力量 ⑥学会倾听，看到其他同学身上的优点和长处 ⑦每天回顾自己的学习体验，并将其记录在项目日志中 ⑧当产品完成后，再问一遍自己“我还能做得更好吗？”
学习环境	学习社区和空间领导力。将资源放在离学生最近的位置，项目墙是一个动态的空间，折射出课堂文化
规程与惯例	①规程或流程：规程是结构化的操作步骤，可以提升课堂管理效率。如小组合作讨论的规程（先个人独立思考，形成个人见解，再小组讨论，形成小组一致认可的结论）可以提高效率，如“头脑风暴”和画廊漫步的流程 ②惯例：经过反复练习，按照惯例行事，这些行为会逐渐成为习惯，之后学生几乎不需要老师的指导和监督，行事自动化。如交作业经练习后变成惯例，再由惯例养成习惯

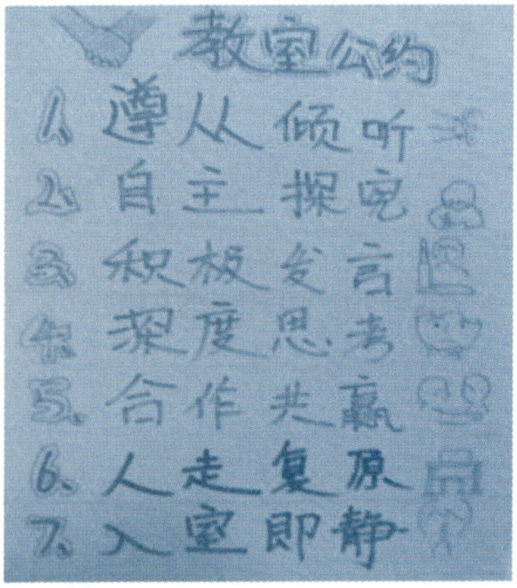

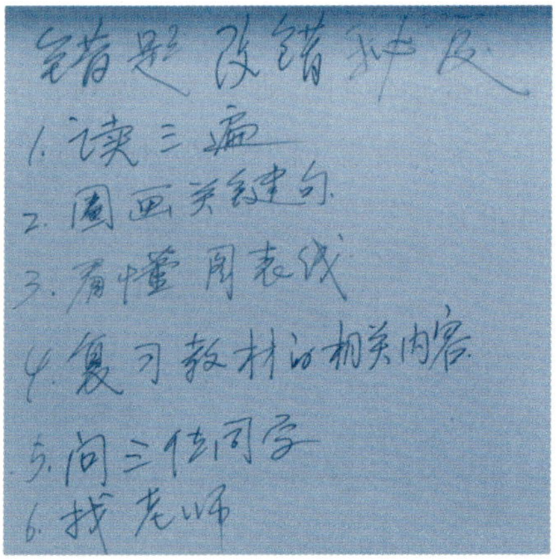

图 5-11　学生创作的项目文化海报和教师出示的改错流程

---

① 桑国元等：《项目式学习教师手册》，北京师范大学出版社 2023 年版，第 144 页。

（7）优秀小组的表彰

每节课根据各小组的得分情况评选优秀小组，红旗数位于前 50% 的为优秀小组，获得一面小红旗（图 5–12）。

“吾与尔比”对抗赛　　班级：一班　　课题：　　　　　时间：　　周：

组名	作业		小测	课堂			总分	红旗
	全交（5）	收藏（10）		迟到	违纪扣分	活动扣分		
1								
2								
3								
4								
5								
6								

图 5–12　记录表以表格形式呈现

每月末汇总各小组的红旗数量，红旗数位于前 50% 的为优秀小组，评选月优秀小组（图 5–13）。如果存在红旗数并列的小组，需要汇总这两个小组每节课的得分，根据得分高低确定优秀小组。优秀小组可以进行抽奖。

1-1红旗飘飘： 学习共同体 志同道合 携手共创美好未来

组名	人项	人类	生殖	青春	营项	物质	消化	吸收	单元	
1		🚩	🚩	🚩						🚩
2	🚩	🚩					🚩		🚩	🚩
3			🚩	🚩	🚩	🚩	🚩	🚩	🚩	🚩
4	🚩			🚩	🚩		🚩	🚩		🚩
5	🚩	🚩				🚩	🚩		🚩	🚩
6	🚩	🚩	🚩	🚩	🚩	🚩	🚩	🚩		🚩

1. 查任务单P25–30[巩固提升]。
2. 其实你懂的，只是别忘了：课堂测26–31页

图 5–13　小组合作的月考核结果及奖励方式

按照评选月优秀小组的做法评选学期优秀小组。学期优秀小组，将获得一份值得珍藏的礼物（通过问卷调研，购买学生喜欢的奖品），如图 5–14 所示。

图 5-14　学期优秀小组的奖品

3. 监控项目进程

在项目式学习的过程中，进度管理是教师的重要工作，监控项目进度的形式多样，如在导引课中制订里程碑和项目日历，或在探究课项目推进的过程使用甘特图等。

（1）确定里程碑

里程碑是项目式学习进度反馈的重要形式。每节课的导入环节，都要回顾里程碑，强化项目目标，让学生明白，我们去哪儿以及现在在哪儿。对于周期较长、跨度较大的项目，要定期提醒学生项目的进度。教师在导引课展示完项目任务后，就和学生分享成功标准，使他们理解这个项目的价值和意义，激发他们的参与热情，让他们理解如何通过这个项目改变他人、社区和学校等。这要求小组长在每个关键节点都要进行汇报，并且组织小组或全班对项目进行反思，检查小组和个人的过程性材料，如项目日记。

里程碑简洁明了，可以体现项目式学习的大框架，且包含形成性评价，易于把控进度，让学生明确要去哪儿、现在在哪儿。项目日历不仅有日程安排，还有时间、地点、参与者等信息，更详实，引导性和实操性更强。建议教师在设计项目式学习时，尽量制定详细的项目日历。

在展示课的最后环节，应留出足够的时间让学生进行项目总结、分析项目结果，这样能让学生把从这个项目中学到的知识、总结的规律和提炼的方法迁移应用到未来的项目或任务中。

教师要负责设定任务完成的期限，即展示课的时间，再“倒排”工期。

在导引课上就要组织学生以小组为单位制订项目计划简报（表 5–9）。①

表 5–9 项目计划简报

项目名称：	学生：	日期：
这个项目所要解决的最大挑战或问题：		
我（我们）计划做以下调研工作：		
我（我们）需要完成以下工作： 做什么： 怎么做： 完成日期：		
我（我们）需要以下这些资源或支持：		
在项目结束时，我（我们）将展示我们的学习目标： 展示什么？ 怎么展示？ 谁来参加，地点在哪里？		

（2）统筹规划时间和独立管理时间

在课堂上开展项目式学习，老师们普遍反映的难题是课时不够，每个项

① ［美］巴克教育研究所：《项目学习教师指南——21 世纪的中学教学法》，任伟译，教育科学出版社 2008 年版，第 129 页。

目单元至少比传统的教学增加两个课时（导引课和展示课）。但在课堂上开展项目式学习又不能增加课时。针对这种情况，笔者的建议如下：

①“把好钢用在刀刃上”，课堂上提高效率，详见表 5-10。

表 5-10　高效课堂的锦囊[①]

方法	具体措施
在教室内走动	在教室内有策略地四处走动是教师必备的一项技能。在教室内四处走动可以巧妙地发现学生的问题。教师要保证教室内的通道顺畅，找一个更好的地方放书包或其他物品，保证教室不存在“无人监管区”。但仅仅是走动还是不够的，还要积极与学生互动，以温和的方式建立对教室的掌控，如轻敲一下走神学生的桌子，对进步的学生竖大拇指，一对一指导等
改变课堂节奏	在一堂课里，教师可以通过切换不同类别和形式的活动，营造“快”和“慢”两种节奏，让学生在起伏中保持对课堂的新鲜感。学生可以参与五种活动：①自主学习新知识；②在教师的指导下参与练习或者讨论；③没有教师帮助的情况下自主练习；④对一个观点进行反思（安静、深度思考）；⑤和同学一起探讨、切磋。通过以上几种活动的切换，可以把握好课堂的节奏
积极检查	积极、及时的检查很有用，可以让教师时刻了解学生的表现，也让学生时刻了解自己的表现。但要检查全班同学，可能会导致一部分学生坐等检查，还会比较浪费时间。我们可以先请学生自查，再组内互查，还可以奖励完成情况好的同学，让他们去检查其他的同学等
目标导向下的课堂活动选择	教师们重视获得同行的赞赏，同行不会太夸赞你的设计太巧妙，而是注重教学效果，你的这节课是否达成了学习目标。教师可以基于 UbD 理念，按照目标、测评、活动的顺序进行课堂规划。好的规划意味着从单元规划向课程规划推进，单元规划保证今天的课建立在上一节课的基础上，并为下一节课做好准备；在明确总体目标的前提下，确定每节课的具体目标；通过具体途径评估是否有效实现了目标

① ［美］道格·莱莫夫：《像冠军一样教学》，丁浩等译，中国青年出版社 2023 年版。

续表

方法	具体措施
“出站验票”	教师每节课都要对自己的目标进行明确评价，保证教学效果以及学生的学习效果。在下课前，用一串问题来回顾这节课的重点，收集学生的答案，及时让学生看到结果，获取反馈信息，调整教师的“教”和学生的“学”，这就叫“出站验票”。另外，还可以在最后的“出站验票”环节设计一道固定的习题：本节课，你的困惑有哪些？应该如何解决？
认真规划时间	时间是教师和学生最宝贵的资源，教师应该有意识、有策略地用清晰可见的方式改变自己的和学生在课堂上的体验。规划课堂时间的方式有：让学生看见教室内的时钟；在课堂上让所有同学起立，进行限时记忆；有效地运用倒计时；设定明确的目标等
建立高效的课堂惯例	教师要通过不断地预演和强化，让优秀成为习惯，从而实现程序的例行化。将程序常规化的四个步骤：给步骤编号（将正式做事方式拆分为几个步骤）、示范与描述、模拟练习以及转变主导权（学生在自我管理方面拥有更高的自由度）。如让学生一进入教室就马上进入学习状态：学生进入教室后先将上节课的困惑及结果贴在问题墙上，再高效复习上节课的核心知识，接着进行小测，然后当堂反馈等
教师的情绪管理	教师要管理好自己的情绪，做到心平气和，不断地鼓励学生努力学习、取得成功。以下为维持心平气和的几条提示：放缓脚步（可以利用几秒钟的时间，让自己冷静地思考，谨慎地组织措辞）；对事不对人（不给学生的行为下定论，否则会损害学生对教师的信任）；避免把问题扩大等
“三讲三不讲”	三讲：讲规律、方法和技巧；讲重点、难点和卡点；讲概念构建，形成概念体系，总结核心知识，使知识结构化 三不讲：学生借助支架通过自主学习就能学会的，教师不讲；学生通过小组讨论就能学会的，教师也不讲；教师讲了以后，学生依然不会的，内容太难，也不讲

②统筹课内和课外

不要把最终的项目作品都放在课下或在家里完成，建议草图设计和制作项目作品都在课堂上完成，这样能保证作品的质量。阶段性成果作品的创作、调研、访谈、查阅文献资料、寻找制作最终项目作品的材料等都可以在课下完成。

③翻转课堂

理论的讲授会耗费大量的课堂时间，可以考虑翻转课堂的方式，将教师需要讲授的内容录制成视频（或在网上下载视频），作为学习资源让学生在课余时间进行自主学习。

④善用甘特图

甘特图（图 5-15）又称横道图、条状图，是以提出者亨利·L. 甘特先生的姓氏命名的，可以同时呈现计划图和进度图。利用甘特图可以非常直观地看到任务发生的时间、各项任务的计划进度与实际进度之间的关系，进而据此评价项目工作、做出决策。甘特图比里程碑的颗粒度更小、展示的内容更为精细，能很直观地呈现各小组的进度。[①] 甘特图是检查项目进度中最为常见的反馈形式，突出项目的整体进度。绘制的步骤如表 5-11 所示

表 5-11　绘制甘特图的步骤表

Ⅰ各组制订实施方案，做好任务规划，梳理好清晰的时间节点。
Ⅱ确定时间间隔，以横向表头作为时间线，项目周期的单位既可以是月、周、日，也可以是小时。
Ⅲ根据项目规划，确定纵向的任务列，需注明子项目、任务、活动之间的关系及其他必要信息。
Ⅳ用不同颜色代表不同类型的任务，如计划中的任务为红色，已完成的任务为绿色，变更的任务为蓝色等。每一项任务或活动对应的时间区间应填充上不同的颜色。
Ⅴ各小组之间相互检查。

① 罗颖等：《50 个工具玩转项目式学习》，中国人民大学出版社 2023 年版，第 236 页。

计划 完成状态 存在问题

序号	项目	任务	阶段成果	负责人	进度	9/29	10/8	10/10	10/14	10/17	10/21	10/28	10/31	11/4	11/7	11/8
1	调查研究	调查北京自然博物馆里的“细胞屋”	调研报告		计划											
					完成状态											
2	子项目一	显微镜操作技能大比拼	操作视频		计划											
					完成状态											
3	子项目二	观察身边常见的动植物细胞	实验报告		计划											
					完成状态											
		绘制“细胞屋”的草图	1.0版草图		计划											
					完成状态											
4	子项目三	探究细胞的结构与功能，替换材料	2.0版草图		计划											
					完成状态											
5	子项目四	揭秘细胞的生活	实验报告		计划											
					完成状态											
		制作科普细胞的视频	视频脚本		计划											
					完成状态											
6	子项目五	小组讨论，不断迭代草图	3.0版草图		计划											
					完成状态											
		制作细胞模型	模型		计划											
					完成状态											
7	项目展示	将项目作品赠送给小学母校	模型和视频		计划											
					完成状态											

图 5-15 甘特图

4. 指导与支持学生的“学”

很多教师都会问：用了项目式学习后还要教吗？怎么教？什么时候教？高质量的项目式学习需要教师的指导与支持。这里说的“指导”是多元的，如邀请专家讲座、教师一对一个性化指导或一对多讲授等。而这里提到的“支持”

> 小贴士：
>
> **高质量的项目式学习**
>
> 2018 年，巴克教育研究所重组为 PBLWorks，推出高质量的项目式学习（HQPBL），从学生的视角描述了学生在一个好的项目中经历了什么：智力挑战和成就，真实性，公开产品，协作，项目管理，反思。2015 年巴克教育研究所提出的黄金准则则描述了老师该如何让学生获得这样的体验：具有挑战性问题或疑问，持续探究，真实性，学生的发言权和选择权，反思，批判性反馈和修改，公开展示的成果。①

① ［美］美国巴克教育研究院项目式学习计划：《项目式学习指导手册》，潘春雷等译，中国人民大学出版社 2023 年版，第 14~15 页。

是中等程度的，是当学生在解决挑战性问题的过程中遭遇“认知僵局”“有效失败”时，教师通过追问、范例、子问题、讨论、评价反馈等多种方式给予的。[①]

（1）指导与支持的量，即支持多少

教师应在学生学习遇到困难时，根据学生的学情与需求确定指导的量。

在有关支持量的研究中，总的研究结论是，过多的支持并不能带来良好的学习收益，项目式学习需要中等程度的支持量。中等程度意味着教师支持的频次、提供案例和支架的数量是适当的。为什么高强度的支持不那么成功呢？因为它促使学习者去死记硬背而非主动理解。教师提供高强度支持的同时也剥夺了学生思考的权力，让学生过于依赖教师的指导，从而失去了主动地关联以往的知识来解决问题的动力和机会。[②]

（2）指导与支持的内容，即支持什么

在推进项目式学习的过程中，学生需要教师的指导与支持，教师给学生提供支架，也可以以工作坊的形式进行微教学，甚至直接讲授。项目式学习并不排斥传统的讲授式教学，二者不是有你无我的关系，而是共生共存的关系。但是，这些教学指导与支持的前提是不能直接将答案给学生，而是要引导。三种课型对应的教学指导与支持如表 5-12 所示。

表 5-12　三种课型对应的教学指导与支持

三种课型	教学指导与支持
导引课	启动项目的资源：教师创设情境，让学生明白项目是什么，为什么要启动该项目，即项目的价值与意义，使其具有代入感 发现问题和拆解问题：支持学生发现问题、分析问题、拆解问题，培养学生的问题意识 规划项目：教师支持学生形成解决问题的方案，以学生为主体制定方案，能够使学生有主人翁的责任感，营造信任、赋权、创新、和谐、民主等课堂文化氛围

① 夏雪梅：《项目化学习质量评估：基本中国情境建构》，教育科学出版社 2024 年版，第 41 页。

② 夏雪梅：《项目化学习质量评估：基本中国情境建构》，教育科学出版社 2024 年版，第 56 页。

续表

三种课型		教学指导与支持
探究课	构建知识和概念	促进学生持续探究，充分发挥自主、合作、探究、实践等学习方式的优势，通过形成性评价获取指导与支持的证据，从而对学生进行差异化、个性化的指导与支持。教师对学生的评价方式包括纸笔测验、课堂观察、提供量规进行表现性评价等
	设计草图与作品制作	设计与制作的过程中，可以培养学生的交流、沟通、合作、创新、创造、批判性思维等。在这个过程中，教师要指导与支持学生发展高阶思维（设计思维、系统思维、创新思维等），将核心知识融入到项目实践中
展示课		展示环节：教师营造氛围，对各个小组不同的展示方式进行个性化指导与支持等 评价环节：通过评价学生的项目作品和过程性材料，促进学生的“学”与作品的再次迭代

如在制作肺模型的项目实践中，学生在设计与制作时没有思路，甚至不能很好地融入核心知识，这种情况下教师可以提供学长的优秀实物作品（图5-16）作为参考，引导学生分析其中蕴含的核心知识，对照量规评价该项目作品，说出优秀作品的创新点和不足等。

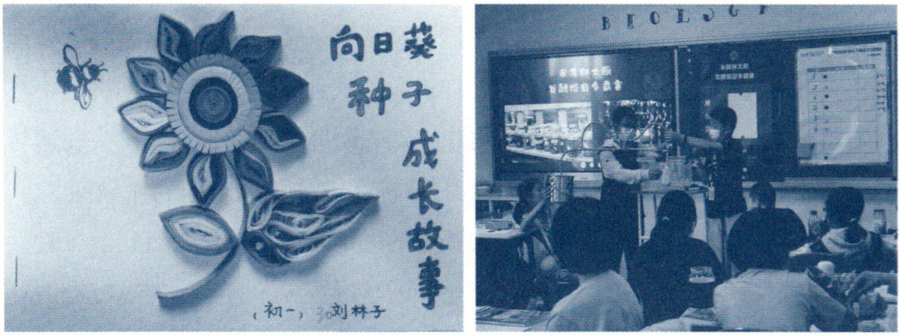

图 5-16　学生的项目作品

（3）教师在项目实施中的角色

在项目式学习的背景下，教师的角色是项目经理、项目设计师、陪伴者、顾问、向导、项目资源发现者、进度监督者等。但尊重学生个性和信任学生并不是对学生放任自流，忽视教师的主导作用。学生可以选择自己想参与的学习主题，但是不能退出学习。所以，在项目式学习实施的过程中，教师要做到“不越位”“不缺位”。早在20世纪30年代，当时学校里的项目式学习，就遭到其鼻祖——约翰·杜威的批评：教师已经抛弃了他们在教育中的正确地位。根据杜威的观点，将学生浸泡于学习材料中，但不向学生建议学习的最终结果或者计划，只是让学生根据自己的感受作出反应，这种教学方式是荒唐的。[①]约翰·杜威还指出，儿童还未具备计划与活动的能力，因而需要教师的帮助来确保学习和成长的连续性过程。

①教师是优秀的项目经理。一名优秀的项目经理，不仅要做好对时间、空间、资源、人力等的管理工作，整合所需的各种校内、校外资源，还要管理好整个项目的进度。在项目管理中，不仅教师是项目经理，学生也是项目经理。

②教师是课程的开发者与项目设计师。一个项目式学习作为一个微课程，要求教师站在课程的视角，从课程的设计、实施与评价三个维度设计项目式学习，在此过程中，还要研发学习资源。

③教师的角色定位——学生学习的陪伴者。项目式学习倡导教师是学生学习的陪伴者，在有困惑时能成为教育顾问，像向导一样引领项目的推进方向，但是项目式学习并不排斥教师运用讲授法讲解或点拨，只是教师要处理好“讲什么”“在什么时间讲”“怎样讲”，做到“三讲”“三不讲”。教师要培养学生必要的技能，如团队协作、调查研究、项目管理、口头表达与展示。而且，在学生没有自我管理能力的时候，教师必须管理得细致些[②]。

④教师要在学生需要资源时成为资源的供给者。在设计项目式学习时，要根据学情和项目的难度研发“超市化”的学习资源，为学生的学习提供支架。在开展项目式学习的过程中，很多时候是学生以小组为单位做项目，老

① ［美］罗伯特·M. 卡普拉罗等：《基于项目的STEM学习》，王雪华等译，上海科技教育出版社2017年版，第22页。

② ［美］巴克教育研究所：《项目学习教师指南——21世纪的中学教学法》，任伟译，教育科学出版社2008年版，第9页。

师不一定能全程参与到学生的学习中。在这一过程中，教师更多的是扮演支持者和观察者的角色，他们通过观察了解学生们的状态、需求和问题，来为需要帮助的学生或小组提供支持与帮助，而非直接的教导。在这种模式下，学生可以充分发挥主动性，投身于个人或团队的项目计划中，这不仅可以增强他们对自身优势的认识，也有助于他们对学习及自我认知的深刻转变。

⑤教师是领导者，而非管理者（表 5–13）。作为项目式学习的领导者，项目式学习成功的关键在于教师能够支持和指导学生，敏感地对待学生的差异性：学生完成项目的速度是不同的，学生的能力、天资和学习风格也是不一样的。[①] 这就要求教师既要能够辅导学生制定项目日历、里程碑等，推动项目进程，也要具备人际交往和沟通的技能。

表 5–13　领导者和管理者的区别

名称	关键要素	课堂表现
领导者	领导其内心，让学生心悦诚服	引导学生和团队共同解决问题，帮助学生找到问题解决方案，鼓励学生克服困难，必要时提供支持
管理者	管理其行为，不注重学生的内心感受	控制学生的学习过程，并寻求预期的结果

（4）何时指导与支持

范·莱恩等人提出了“困境驱动的学习”这一概念，指出教学延迟，延迟到让学生达到“僵局”，即学生探索失败，不能顺利解决问题时教师再教学，会产生更持久性的学习效果，能促进学习的远迁移。[②]

教师要在项目式学习的各个里程碑及时收集学生的阶段性作品，或听取阶段性汇报等，了解各小组的项目进度，发现学生掌握起来有困难的知识，或对大多数学生来说有困难的任务，帮助小组和个人梳理卡点和堵点。如果有必要，可以对小组进行一对一指导，甚至让全班暂停任务，及时进行指导，

① ［美］巴克教育研究所：《项目学习教师指南——21 世纪的中学教学法》，任伟译，教育科学出版社 2008 年版，第 10 页。

② 夏雪梅：《项目化学习质量评估：基本中国情境建构》，教育科学出版社 2024 年版，第 58 页。

如邀请相关专家举办讲座，或进行必要的知识补充，以此清除卡点、疏通堵点，推进项目顺利开展。

在项目管理的过程中，教师不仅要提供支持，还要提供必要的引导。如果发现学生远离项目的学习目标，要及时引导学生检视自己的行为，考虑自己的行为是否有利于驱动性问题的解决，是否服务于项目作品的制作，是否聚焦于项目的目标。在这个过程中，学生可以修改、迭代项目实施计划。

下面是一些具体方法，用于记录并展示项目的历程，为教师及时介入提供证据[①]。

①要求小组就各小组的阶段性进展作非正式的简要报告。

②给各小组布置作业，在评价中发现问题，进行及时指导。

③对于时间跨度较长的项目，还要提醒学生的进展。

④对各小组进行问卷调研，发现问题或困惑，及时解决。

⑤检查学生的或小组的项目日记，查阅学生的项目工作检查清单。

⑥参与到项目小组中，监督项目进度，观察学生对学习资源或教学支持的需求。

⑦观察小组或个人的参与度和积极性。

⑧对于有些小组或个人取得的成功，不仅要进行祝贺与庆祝，还要让其在班内分享。

5. 给学生提供学习资源

学校所处区域蕴藏着自然、社会、人文等多种课程资源。在设计与实施项目式学习时，教师要有强烈的资源意识，挖掘校内和校外资源，达到协同育人的教育效果（图 5–17）。

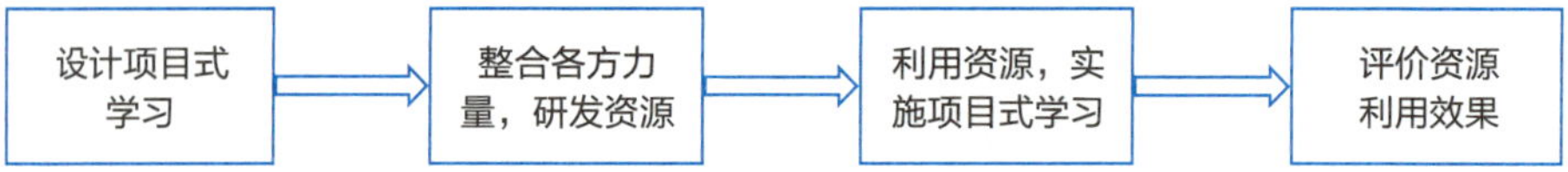

图 5–17　学习资源研发、使用与评价流程

① ［美］巴克教育研究所：《项目学习教师指南——21 世纪的中学教学法》，任伟译，教育科学出版社 2008 年版，第 123~125 页。

技术发展丰富了学习资源的种类和供给方式，新技术和新工具也是一种支架。在制作海报、设计草图时，可以借用线上工具设计海报，还可以借助技术发布项目作品，进行“云”分享。在线沟通与写作工具也有利于提高学生在团队中的合作学习效率，促进成员间的沟通交流与及时反馈，常用沟通工具有微信、QQ、钉钉、金山会议、腾讯会议等。项目式学习中在线文档的使用也很频繁，如金山文档、腾讯文档、石墨文档等。教师还可以为学生建立电子档案袋。在此需要说明的是，技术只是一个辅助手段，并非与技术沾边的产品就是好产品。

教师提供给学生的资源并不都是支架，如拓宽学生视野和延展学生思维的视频或文本资源就不是支架。支架特指学生在完成“挑战性的学习任务”时，已经过努力仍然不能自己解决时教师提供的支持。支架是学习过程中教师在“恰好需要的时机”所提供的“必不可少的支持”。

支架的分类方式多样，根据形式可分为文本支架（表格支架、思维展示支架等）、实物支架（实物范例等），根据功能可分为范例支架、思维设计支架、建模支架、进度跟进支架、调试支架、展示支架、评价支架等。我们整合支架的功能与形式，聚焦学习支架支持学生挑战最近发展区的定位，将其分成以下五类，详见图 5–18。

学习类型	核心知识	认知策略	学科能力	学习素养	资源
支架类型	概念支架	元认知支架	学科实践支架	学习实践支架	资源支架
支架形式	学习单、概念图、范例、微课、核心知识评价量规等	问题解决流程图、矩阵分析、维恩图、时间线等	工程实践、细胞模型、实验流程、说明文写作量规等	创造性思维技能、探究性对话、合作规则等	网址、视频、电影片段、辅助阅读材料、新技术工具等

图 5–18　项目式学习的支架类型和支架形式[①]

项目式学习中涉及大量的学习实践，如探究、社会性合作等。

① 夏雪梅：《项目化学习的实施：学习素养视角下的中国建构》，教育科学出版社 2023 年版，第 152 页。

设计项目式学习的过程涉及研发学习支架，研发时不仅要调研学生的学情，考虑学生的最近发展区，促使学生“跳一跳能摘到果子”，还应该预见学生会遇到哪些挑战，在哪个环节会遇到阻碍。按照项目式学习的三种课型提供资源，如表 5–14 所示。

表 5–14　三种课型对应的学习资源

三种课型		学习资源	价值
导引课		启动项目的资源：校外资源如博物馆、工厂企业等，集体讲座的专家资源或可访谈的专家，还有网站、文献、视频、动画、图片、游戏、学长的项目作品等 发现问题和拆解问题：发现问题表和拆解问题表等工具 画廊漫步：海报、问题条、彩笔、便利贴、回形针、订书机等 规划项目：故事板、里程碑等	构建独特的项目文化，建立合作契约，如项目式学习公约、规则、规程等的建立
探究课	构建知识和概念	科学探究：国家云平台的教学资源、视频、项目式学习任务单、实验仪器与材料用具等 构建概念：思维导图、维恩图等	推动持续探究和构建大概念，形成结构化的知识体系
	设计草图	网站、文献、线上或现场访谈专家，信息技术的绘图软件，海报纸、马克笔、铅笔、彩笔，平板电脑等	促进概念的迁移应用
探究课	作品制作	剪刀、小组记录表、成果展示板、胶带	促进核心知识的迁移创新
展示课		展示环节：电脑、打印机、海报纸、小组桌牌等 评价环节：写字板、项目作品评价表和评价量规， 表彰环节：邀请家长、外部专家、社区人员、学校后勤人员（大厨、保安、保洁等）等 复盘与反思环节：问卷调查 进一步探究环节：发现问题表	通过评价反馈、反思项目进程，促进高质量项目成果的迭代

教师给学生提供了丰富、可选择的支架。在学生有能力自主管理支架之前，教师应教会学生如何管理和使用支架。

6. 做好反思支持

反思一般是指在工作和生活中，对过去一段时间的总结，是一个重要却容易被忽视的环节，是学习的一种方式。反思是项目式学习贯穿始终的主线，在每一个里程碑，都要开展形成性评价及评价后的系列反思。

（1）反思设计

项目式学习的周期较长、环节较多，所以项目式学习的反思活动需要系统设计才能起到最佳效果，如表 5–15 所示。

表 5–15　项目反思方案

反思主体	反思时机	反思维度
□教师反思 Ⅰ教师自我反思 Ⅱ教师团队反思 Ⅲ教师团体反思 □学生反思 Ⅰ学生自我反思 Ⅱ学生同伴反思 □全员反思	□实时反思 □里程碑反思 □全局反思	□目标达成 □教学 / 学习过程 □项目实施 □项目管理 □项目整体

常见的反思问题的支架见表 5–16 和表 5–17。

表 5–16　常见教师反思问题

反思维度	问题
目标达成	项目目标是否达成? 知识目标是否达到? 哪些知识学习不够深入? 还可以拓展哪些知识?
教学过程	教学过程是否还需要优化? 哪些环节的支架搭建还可以更好? 哪些教师指导的环节还可以做得更好?
项目实施	学生是否有足够的时间参与项目? 项目中有哪些资源可以优化? 哪些项目管理细节可以优化? 项目产出是否符合预期?

续表

反思维度	问题
项目管理	项目是否延期或做出了重大调整？ 你对项目中的团队管理是否满意？ 管理中遇到了哪些问题，是如何解决的？ 还应该做哪些更有利于项目管理的工作？
项目整体	你是否很享受这次项目过程？ 以后再做项目你有哪些建议和改进策略？

表 5-17　常见学生反思问题

反思维度	问题
目标达成	你学到了哪些知识？你的哪些能力得到了提升？（如口头表达、写作、批判性思维等） 你给自己设定了哪些能力提升的目标？是否已经达成？
学习过程	你是否有足够的时间开展探究性学习？ 你觉得本次项目中的学习内容难度是否合适？你和团队成员的合作是否愉快？为什么？ 你是否很有动力去完成项目中的学习活动？
项目实施	你遇到了哪些困难或问题？ 你和你的团队是如何解决的？ 你觉得团队的合作是否高效？ 你和团队的演讲是否成功？为什么？
项目管理	你的项目是否延期或提前完成？ 这次项目中的团队分工是否合理？ 你学到了哪些项目管理的技能？
项目整体	你是否享受了这次项目过程？ 以后再做项目你有哪些建议和改进策略？

（2）反思的流程

反思不仅是对自己的学习体验、学到的知识和项目活动的有效性进行总结的过程，还包括对项目作品的质量，以及对问题解决的方法与规律的提炼。具体过程见图 5-19。

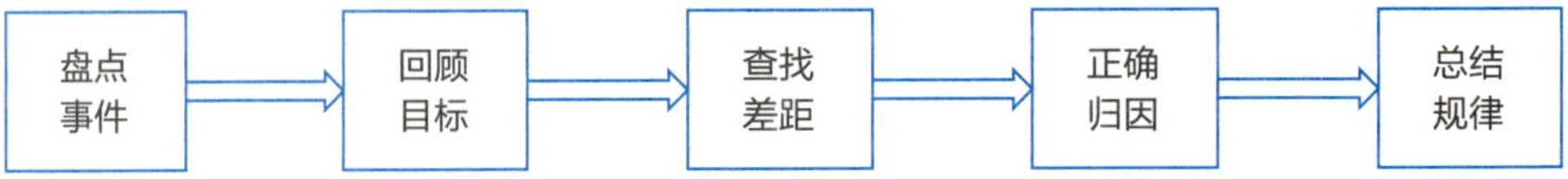

图 5-19　项目式学习的复盘反思

据图 5-19 可知，反思的过程就是对比预定目标和实际目标的差异、找到问题的症结所在，进行正确归因。不管是主观原因还是客观原因，我们都要找到问题的真正原因，然后在接下来的项目活动中有意识地避免。避免重复犯错是复盘的第一个目标，这样学生在后续的学习过程中才不会重蹈覆辙。

（3）归因的工具

为了正确归因，可使用以下两个工具。一个是五个为什么法，另一个是鱼骨图法。

①五个为什么法

五个为什么法是一种诊断性技术，用来识别和说明因果关系链（图 5-20），可以避免耽于表象，寻找问题根源，找到根本原因，从而“对症下药”，通过最终的答案指导将要采取的措施，达到“药到病除”的效果。

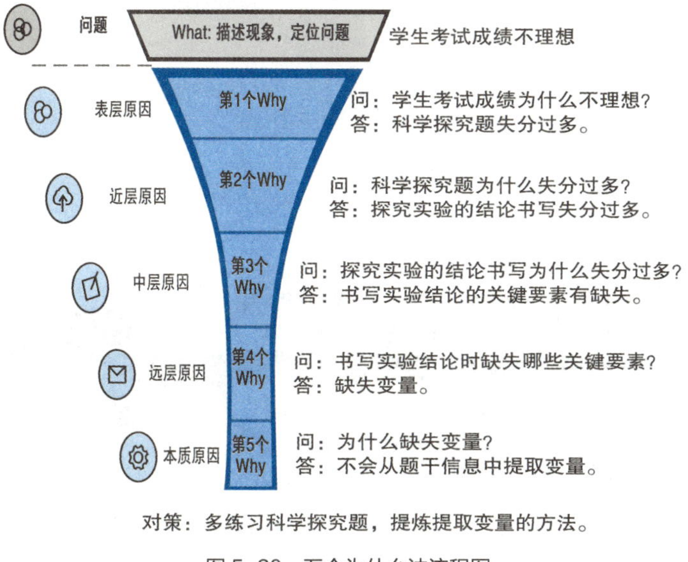

图 5-20　五个为什么法流程图

②鱼骨图法

鱼骨图法最早由日本管理大师石川馨发明，后因其形状像鱼骨而被称为“鱼骨图”。鱼骨图可以帮助我们透过现象看本质，并快速地发现问题的“根本原因”。鱼骨图有三种类型：第一种类型是整理问题型，这种类型的鱼骨图（图 5-21），鱼头与各分支之间不存在因果关系，鱼头表示结果，鱼骨上的节点是此结果的结构项；第二种类型是原因型，用来分析构成问题的原因，鱼头在右，代表结果，原因在左（图 5-22）；第三种类型是对策型，主要用来找出解决问题的对策，鱼头在左，代表结果，对策在右。

图 5-21　鱼骨图

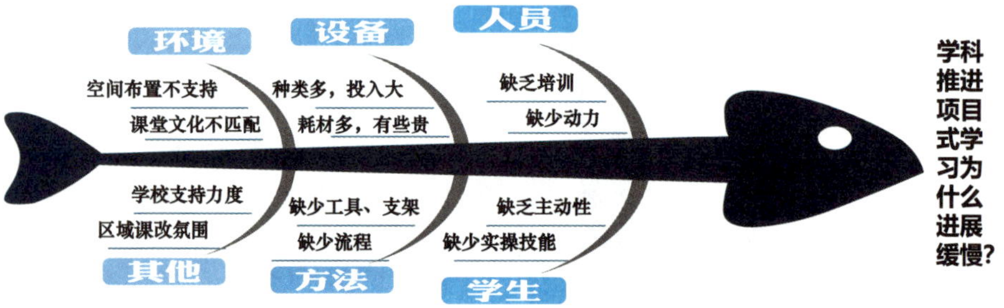

图 5-22　鱼骨图分析问题的原因

章“彩蛋”

项目式学习的故事板

导引课的规划项目的最后一个主要环节是安排每节课都要做的事情，即故事板[①]，具体安排到多细致，由教师来决定。这主要取决于项目的性质、学生行使选择权的程度等。在故事板上先标注出从导引课项目启动到展示课表彰的时间进度表、主要的活动和重要里程碑。在编制故事板时，要确保留出足够的时间进行反思、检查项目进度和对阶段性作品的形成性评价等。

故事板可能会在实施的过程中有微调，但是有些确定好的时间可以不变，如与外部专家或机构与学生开展合作的时间、进行实地调查或展示课的时间等。图 5-23 所示是故事板的框架图。

第一周	时间：×月×日（周×） 活动安排：启动 地点：××× 参与人员：×××	时间：×月×日（周×） 活动安排：××× 地点：××× 参与人员：×××	时间：×月×日（周×） 活动安排：××× 地点：××× 参与人员：×××
第二周	时间：×月×日（周×） 活动安排：××× 地点：××× 参与人员：×××	时间：×月×日（周×） 活动安排：××× 地点：××× 参与人员：×××	时间：×月×日（周×） 活动安排：××× 地点：××× 参与人员：×××
第三周	时间：×月×日（周×） 活动安排：××× 地点：××× 参与人员：×××	时间：×月×日（周×） 活动安排：最终展示 地点：××× 参与人员：×××	时间：×月×日（周×） 活动安排：项目回顾 地点：××× 参与人员：×××

图 5-23 故事板的框架图

故事板不仅可以使教师更清晰地展示出项目各个阶段的关键活动和具体安排，还可以让学生及其他观众更加明确地了解项目活动的重点和难点。图

① ［美］巴克教育研究所：《项目学习教师指南——21 世纪的中学教学法》，任伟译，教育科学出版社 2008 年版，第 105 页。

5–24 所示是“建造细胞屋”的故事板样例。

第一周	时间：9 月 21 日（周四） 活动安排：调研、查阅文献，启动项目，制定方案 地点：多媒体教室 参与人员：细胞学专家（线上访谈细胞研究最新进展）	
第二周	时间：9 月 25 日（周一） 活动安排：显微镜操作技能大比拼 地点：学科教室或实验室 参与人员：教师	时间：9 月 28 日（周四）活动安排：“微 · 视 · 界”细胞摄影大赛 地点：学科教室或实验室 参与人员：教师
第三周	时间：10 月 9 日（周一） 活动安排：探究细胞的结构与功能的关系 地点：学科教室或实验室 参与人员：教师	时间：10 月 12 日（周四） 活动安排：揭秘细胞的“私生活” 地点：学科教室或实验室 参与人员：教师
第四周	时间：10 月 16 日（周一） 活动安排：迭代草图 地点：学科教室 参与人员：科技馆工作人员（线上访谈）	时间：10 月 19 日（周四） 活动安排：最终展示，评价与表彰 地点：篮球馆 参与人员：科技馆工作人员、教师和家长代表
第五周	时间：10 月 23 日（周一） 活动安排：借助支架进行项目反思与回顾 地点：学科教室 参与人员：教师	

图 5–24 “建造细胞屋”的故事板样例

注：绘制故事板时，倡导使用图文并茂的方式呈现场景、活动和人物等。

第六章
项目课程评价的“三大主体”

图 6-1　减肥的形成评价与改进图

由减肥者测量体重（图 6-1）的反馈得到的启示：减肥者有明确的减肥目标，每天测量体重，然后反思自己的饮食和运动，最后调整自己的饮食和运动，从而达成减肥目标。

由此类比项目式学习，减肥目标相当于课程目标；每天测量体重，相当于课程评价；测量体重后的反思并调整自己的饮食和运动，相当于项目式学习的反思与迭代。试想一下，如果没有测量体重并反思与调整，减肥就会变得没有动力、没有方向……因此，对项目式学习来说，评价就像指挥棒，引导、调节着学生的学习行为和教师的教学行为。

项目式学习作为一种课程组织形式，一个项目式学习单元即为一个微课程，包括课程目标、课程方案、课程实施与评价等要素。项目课程的建设一般包括四个阶段：调查与研究、设计与开发、组织与实施、评估总结与反思修订。本书前三章介绍了项目课程的设计与实施，本章介绍课程评价。课程评价既是课程结束后效果的评估判断，也是贯穿课程建设全过程的主线，联结着课程建设的各个阶段。评价的内容指向三个层面：课程层面，即课程设计、课程实施及其效果；教师层面，包括教师的课程领导力、执行力、态度等；

学生层面，包括习得的知识、建构的概念、态度责任、团队意识、创新精神、问题解决能力、创意物化能力和实践能力等[①]（图 6–2）。

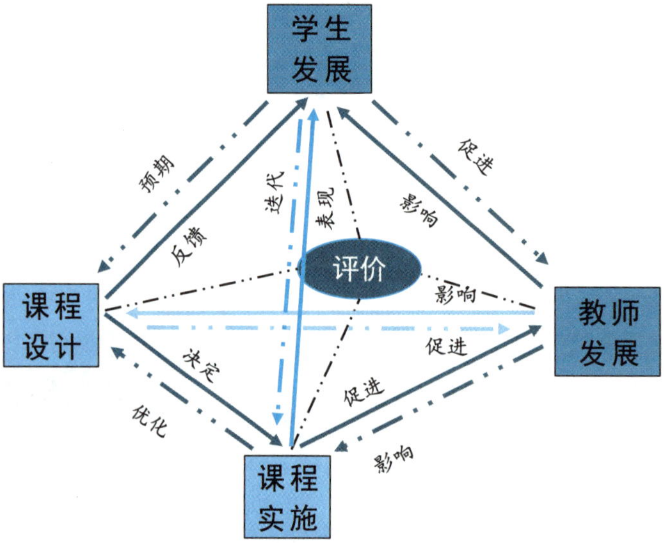

图 6–2　课程全要素、全链条评价模型

项目式学习的课程评价既要立足学科，又要高于学科。项目式学习比学科教学评价更强调评价内容在价值上的综合性、认识上的实践性和学生发展的进阶性。在设计课程评价时，要从课程的视角对课程的设计、实施、学生发展和教师发展四个方面进行评价。对课程设计的评价主要包括诊断课程问题，改进不足，为课程迭代提供证据支持，使课程更符合学生的发展需求；对课程实施的评价主要包括评价实施过程中的问题和实施效果，重点考查课程目标的达成度，为课程的迭代提供有效信息；对学生发展的评价主要侧重学生的学习过程、发展情况和学业质量。

本章主要围绕谁来评、评什么和怎样评等问题进行阐述，详见表 6–1。

① 黄志红：《STEM 课程设计与实施》，教育科学出版社 2023 年版，第 150 页。

表 6-1 项目式学习的评价主体、评价内容和评价方式

评价主体（谁来评）	评价内容（评什么）	评价方式（怎么评）
学校	项目课程方案、项目设计、项目实施、教师的“教”和学生的“学”	问卷、纸笔测试、教育教学诊断、访谈等
教师	项目设计、项目实施、教师的“教”（自评）和学生的“学”	课堂观察、问卷、纸笔测试、访谈、表现性评价、过程性评价、增值评价等
学生	项目设计、项目实施、教师的“教”和学生的“学”（自评）	问卷、教育教学诊断、访谈等

1. 主体一：学校怎样评价项目课程?

（1）学校组织专家对项目课程的设计进行评价

课程方案是课程实施前的整体设计与规划，只有科学地设计课程方案，才能保障校本课程的顺利实施及其落实成效的最大化。课程设计是第一粒“钮扣”，评价时既要评价课程方案，也要组织教师和学生对课程的设计进行评价。

学校组织专家和评委对课程方案进行评审，流程如图 6-3 所示。

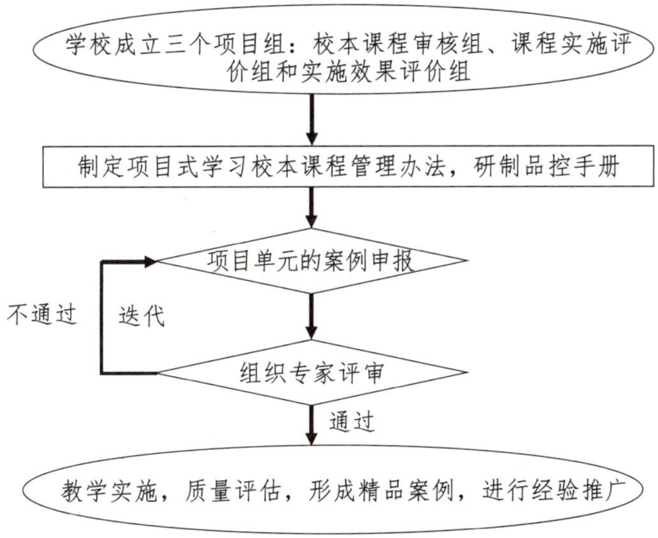

图 6-3 课程评审流程表

为确保课程的合理性、科学性、前瞻性、创新性和可行性，评审时为评委提供校本课程评价表（表 6–2）。

表 6–2　校本课程评价表[①]

一级指标	二级指标
课程目标	课程目标的制订与学校文化契合，符合学校的办学愿景及育人目标，融入全校的整体课程方案之中，得到学校的充分支持
	课程目标以核心素养培育为导向，促进学生全面发展
	课程目标体现跨学科的属性，注重跨学科知识和能力的整合，课程目标的描述清晰、具体、适切、可观察、可测量
组建团队与选题	组建跨学科教学团队，明确课程开发的程序与步骤
	项目主题或驱动性问题由小组成员讨论选定，小组成员积极参与课程规划与设计
	项目来源于现实中的真实问题
	基于学情，符合学生的需求及兴趣
	整合社会、社区和家长的资源，与多方合作，协同开展项目式学习，有力弥补了学校资源的不足
课程方案的适切性	课程方案具体、可操作性强，整体框架完整（课程目标、课程内容、课程实施、课程评价等），思路清晰，所列举的策略能为达成课程目标服务，能体现多种资源的整合
	课程内容在选择上，所涉及的学科核心知识和能力不仅为本项目目标服务，也着眼于学生的未来发展
	课程内容组织适当，关联项目式学习所跨学科的课程内容和知识，打破学科壁垒，深化学科联系，拓展课堂边界
	有设计思维和结构化思维，会通过流程图、思维导图来呈现整个项目实施流程，活动的阶段完整、任务细化
	技术和工具的选择恰当、操作性强
	预先规划设计多样的学习活动，注重自主合作探究的学习，尽量在课堂学习中让学生经历文献收集与分析、调查与观察、实验与探究、设计与制作、交流与反思等学习方式
	拟定多元评价，既注重对学生的过程评价、综合评价，又紧扣目标的针对性、结果的表现性、循序渐进的层次性、思维训练的开放性、问题解决的创新性和成果产品的原创性等

① 黄志红：《STEM 课程设计与实施》，教育科学出版社 2023 年版，第 156 页。

续表

一级指标	二级指标
课程方案的适切性	预先考虑课时安排、教学资源及场地等教学安排，达成课程目标的可行性很大
课程方案的实施	将课程理念转化为教学行为，学习方式灵活多样
	课堂教学活动有意义、有意思、有可能，且指向问题解决和项目作品制作
	激发学生兴趣、好奇心和求知欲，培养学生的责任意识和问题解决能力
	评价方案的可操作性强，重点评价学生的创新素养，激励作用明显
	课程资源丰富，具有“超市化”的特点
	制定完善的运行机制和动力机制，强化创新人才培养的需求传导，完善质量管理和组织协调，营造开放、融合、包容、支持的育人生态环境，促进综合科学课程的高效运行和高质量实施
	统筹规划大、小学段时间，为学生开展长周期的科学探究、研究性学习、科创项目等提供整块的时间
课程效果评价	有对学生获得成长的效果评价
	有对教师获得专业发展的效果评价

（2）学校组织学生对项目的实施进行评价

课程设计与实施是一枚硬币的两面。目前，有些学校存在“重设计轻实施”的现象。课程实施是教师、课程和学生不断对话协调的过程，涉及课程资源、场所基地、设施设备等物质条件。对课程实施过程的评价，可以通过课堂观察、访谈、调研、反思等方式进行，从课程、教学、资源、文化等维度进行评价，如表 6-3 所示。评价旨在为课程研发提供方向，确保课程符合学生的发展需求，提高课程的合理性和适切性。

> **评价小贴士：**
>
> 第三方平台诊断
>
> 学校不仅组织专家对课程设计进行审核，还邀请第三方平台诊断课程的实施及其满意度，从而建立和健全科学的循证、反思、监测、反馈、改进机制，持续优化课程实施规划，形成“过程监督—科学诊断—反馈提升—跟踪指导”的课程教学改革行动闭环。

表 6-3　项目单元课程实施评价表

维度	一级指标	评价内容
课程	丰富度	项目式学习课程很丰富，我能选到喜欢的课程（如活动项目课程）
		项目式学习课程很符合我的兴趣特长
	适应性	学校课程对我未来的发展有重要意义
教学资源	学习目标	通过课件、海报、项目墙等方式呈现项目学习目标
		项目实施的过程中及时和学习目标校准，使活动、方法与目标保持一致
	问题解决	我能从不同角度提出问题，综合利用多学科知识解决问题，有策略地使用适合的工具，创造性地提出解决问题的方法和技能
	学习方式	自主学习让我的学习更高效，认真收集资料、观察思考、按时完成个人所负责的项目任务
		合作学习在课堂上成为常态，能与同学配合完成任务，共享成果
		探究实践能激发我的学习兴趣，让我主动、积极参与
	教学方式	教师的讲解让我很受益，解决了我的困惑
		教师鼓励我们进行自主、合作、探究实践，尝试新的想法，对我们的学习表现及时记录
		教师团队及时讨论、分享与反思，不断调整项目教学
	个别化	教师在课堂上注重对我进行个别化指导，对学生或小组进行及时评价与反馈，且具体可行
		教师在课下注重对我进行个别化指导
	反思	借助支架，在里程碑的关键节点处进行及时反思和优化调整
	作业、空间育人	作业形式多样，类型丰富，体现探究性、实践性，我的收获很大
		作业难度适中，教师提供了丰富的学习资源
		教师对作业的批改认真、反馈及时
		作业的展示形式多样，能激励我

续表

维度	一级指标	评价内容
教学资源	作业、空间育人	教室的室内和室外都布置了与项目式学习相关的内容，很有现场感和代入感，项目式学习的氛围浓厚
	学习资源	学习资源种类丰富，我需要的资源都有，如专业人士、科研人员等
		学习资源有层次性
		学习资源离我很近，使用方便
		社会、社区资源（如实地调查等）有助于项目式学习的开展
		学习资源具有开放性，我们也可构建资源，做到线上资源和线下资源相结合，体现了共建、共享
		教师团队协同合作，为课程实施准备资源、工具设备和场地等
文化	课堂文化	认同项目文化的价值观
		践行课堂公约
		规程和惯例提高了我的学习效率
		小组合作成了我主要的学习方式之一
	项目文化	在做项目的过程中，教师以学生为中心，发现学生、激励学生、唤醒学生，做到“不包办、不替代、不越位”

2. 主体二：教师对项目课程评什么和怎么评?

在项目式学习中，评价不仅可以让教师获得“教得怎么样”“教到了什么程度”的依据，还可以通过自评项目式学习的方式对自身专业发展产生影响。

（1）教师对课程设计的评价

教师既是课程的建设者、实施者，也是课程的评价者。通过对教师进行问卷或访谈等形式，可以从课程是否能促进教师自身的专业发展，是否能培育学生的创新素养，是否具有实操性等方面对课程进行评价。以下是评价的问卷设计。

关于课程的设计、实施与评价对教师的问卷

各位老师好，非常感谢大家参与此次问卷调查，请大家按照自己的真实感受，回答下列问题。

1. 项目课程的内容和学习主题能很好地适应学生当前的发展认知水平。

A. 非常不同意　B. 不同意　C. 一般　D. 同意　E. 非常同意

2. 项目课程显著增加了课程的丰富性和多样性，学生可以选择到喜欢的课程。

A. 非常不同意　B. 不同意　C. 一般　D. 同意　E. 非常同意

3. 项目课程的教学方式能促进学生学习方式的变革，发展学生的创新素养。

A. 非常不同意　B. 不同意　C. 一般　D. 同意　E. 非常同意

4. 项目课程的评价方式灵活多样，使评价结果更科学、精准和有效。

A. 非常不同意　B. 不同意　C. 一般　D. 同意　E. 非常同意

5. 项目课程能推动不同学科的交叉融合，提升学生的跨学科学习能力。

A. 非常不同意　B. 不同意　C. 一般　D. 同意　E. 非常同意

6. 项目课程有助于学生解决具有挑战性的问题，提升学生的问题解决能力。

A. 非常不同意　B. 不同意　C. 一般　D. 同意　E. 非常同意

7. 项目课程能营造良好的课堂氛围，提高教师的课堂管理能力。

A. 非常不同意　B. 不同意　C. 一般　D. 同意　E. 非常同意

8. 项目课程的设计、实施与迭代对教师的专业发展有很大的促进作用。

A. 非常不同意　B. 不同意　C. 一般　D. 同意　E. 非常同意

9. 教师会微调项目课程，选择最佳的教学方法，保持学生对学习的热情，并很有成就感。

A. 非常不同意　B. 不同意　C. 一般　D. 同意　E. 非常同意

10. 您觉得目前自己在项目课程的建设、设计、实施与评价上比较欠缺的是：

A. 教学活动的设计与实施能力

B. 班级管理策略

C. 与学生家长交流沟通课程理念的能力

D. 对新理念的适应能力

E. 教学科研意识和方法

F. 有关信息的甄别与遴选

G. 其他 ________________

11. 您对项目课程的开展有什么建议？ ________________

（2）教师对学生的“学”的评价

在推进项目式学习的过程中，教师对学生的评价一以贯之。教师的评价不仅可以引导学生理解知识和建构概念，还可以识别学生的实际表现和期望表现之间的差距，并通过反馈引导学生反思，从而缩小差距。学生的学习既是评价的目的和内容，又是评价的出发点和归宿。评价的内容不仅包括对学生的物化成果的评价，还包括对学生的学习动机与情感态度及学习习惯与方法策略等维度的评价，如表 6–4 所示。

表 6–4 学生发展的评价表①

一级指标	二级指标	评价内容
情意领域	学习动机	□学生积极主动参与项目实践，能够独立完成小组分配的任务，且有自己的观点和创新之处 □对项目感兴趣，保持学习热情和干劲，且表现突出
	意志品质	□学习状态稳定，有持久的耐力 □主动挑战困难，遇到困难不放弃、不退缩，积极寻求解决问题的办法
	情感态度	□热爱祖国和家乡，具有家国情怀，通过项目实施为国家发展助力 □具有社会公民的责任和担当，是践行社会主义核心价值观的小楷模 □尊重和理解外国文化和社会习俗，初步具有跨文化意识

① 陈瑾：《聚焦学习的课程评估：L-ADDER 课程评估工具与应用》，华东师范大学出版社 2019 年版，第 3 页。

续表

一级指标	二级指标	评价内容
习惯与策略领域	学习习惯	□善于观察与思考，注重思考过程，能在深思熟虑后作答 □认真倾听教师的讲解和学生的发言 □乐意表达自己的观点、想法、创作方案等，表达时做到内容完整、语言流畅，言简意赅，言能达意 □按时完成作业并及时上交。形成正确的作业规程，如先复习、再作业，根据教师的作业批改反馈进行改错
	学习策略	□具有自主学习能力，通过教师提供的学习资源独立学习 □与他人合作完成学习任务，积极完成小组分配的任务，合作学习成果突出 □在里程碑环节，借助教师提供的支架进行反思，还可以通过自评进行反思
认知领域	低阶认知	□熟悉掌握各科的事实性知识，并能进行初步运用
	高阶认知	□理解各个学科的概念性知识，并能进行初步判断及运用 □熟练掌握各学科的程序性知识，并能进行初步运用

由表 6–4 可知，对学生的评价是一项系统工程，既包括对“看不见、摸不着”的学科能力和核心素养的评价，还包括通过纸笔测试完成具体知识技能、概念等的评价，具有引导学习进程的特点。对学生的评价结果最终可成为判断课程开发、设计、实施水平的依据，教师要在此基础上不断调整、优化、改进课程建设，促进学生全面发展。因此，项目式学习的评价的意义在于帮助学习者从不同角度看待正在实施的项目，学生也期待通过评价获得更多的反馈。

为了了解学生在项目式学习中已取得的进步以及取得了怎样的进步，教师必须用一套综合的项目式学习评价体系对学生不同的表现进行评价（图 6–4），通过多样的评价方式判断他们的知识和能力水平。

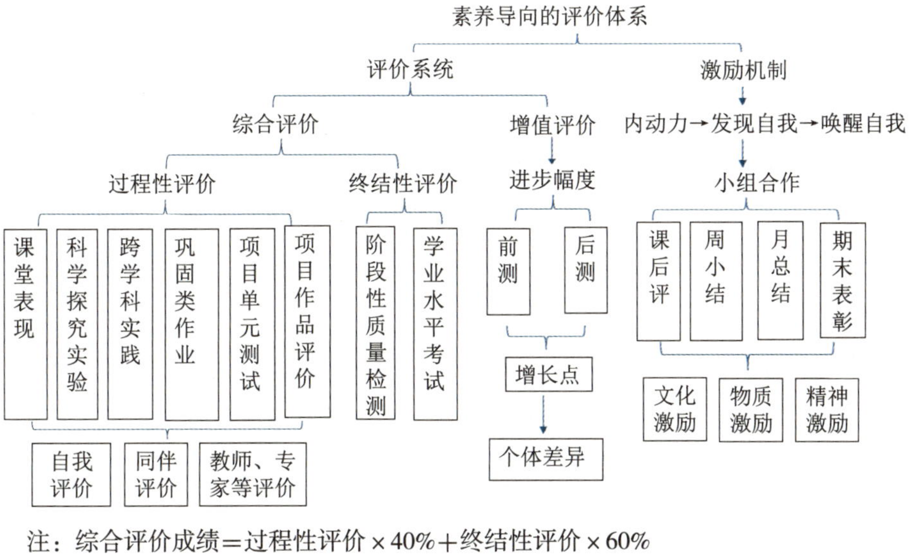

图 6–4　素养导向的项目式学习评价体系

> 评价小贴士：
>
> 形成性评价与过程性评价
>
> 过程性评价与形成性评价在理念上有本质的区别，形成性评价的目的是为教学过程的每个阶段提供反馈与纠正。在评价内容上，形成性评价主要针对具体的知识和技能。过程性评价倡导“学习的动机态度、过程和效果”三位一体的评价。在评价方法上，形成性评价倾向于量化的评价工具，如标准化测验。过程性评价既支持“量化”的测量，也更加重视“质性”的方法，将评价嵌入到教学过程中。在评价主体上，形成性评价没有注意发挥学生的作用，学生只是被评价的客体。过程性评价主张评价主体和客体的整合，主体多元。

由图 6–4 可知，素养导向的项目式学习评价不是单纯地指向某一具体的、特定的知识层面的目标，而是将社会情感能力（交流沟通、合作协作等）、动手实践能力和创新能力等融入其中，综合运用形成性评价和终结性评价策略，关注学生的学习过程，将量化评价与质性评价相结合构建评价体系。在评价实践中，综合运用观察、物化成果记录等多种手段，利用人工智能和大数据技术，为每一个学生建立电子成长“档案袋”，逐步建立起科学、多元、动态的发展性评价体系，引导学生个性化发展，做到“三精准”（精准监测、精准分析、精准干预），以评价牵引项目实施。

①评价学生的学业质量

当项目式学习成为教学过程中的一道“主菜”时，不可避免地会涉及对于知识点的考查。项目式学习的表现性评价同样可以对知识与能力进行评价，但是素养导向的考试命题需要重构试题属性。素养导向下的试题具有以下三个属性：在什么情境下，运用哪一类知识和解决什么问题以测量不同素养水平的学生在这些情境中解决问题的可能表现，进而根据上述表现确定学生的素养水平。[①]

国际经合组织发布的 PISA 2025 科学素养测评框架，增加了对跨学科实践的考查。我们推进考试改革，从 2021 年开始在试题中单列跨学科实践习题。命题时注重问题解决，增加综合性、开放性、应用性、探究性试题。以下是“细胞模型”跨学科实践样题：

表 6-5　知识、能力和素养在考题中的呈现表

考查要求		内容载体	题号
基础性	体现学科核心知识和大概念等	将项目作品融入试题命制中	（1）
综合性	体现综合理科知识的交叉、能力的交叉和素养的融合	综合运用物质与能量观、结构与功能观等	（2）
应用性	运用知识、能力和素养解决实际问题的能力	运用结构与功能观、批判性思维、推理与论证，解决材料问题	（3）
创新性	促使学生发现新问题、找到新规律、得出新结论	以叶绿体选材作为支架，运用设计与解释，考查迁移创新能力	（4）

〖样题〗学习完“细胞是生命活动的基本单位”后，同学们在老师的指导下制作了植物细胞模型，同时针对该模型的科学性设计了评价量规。某位同学利用彩色橡皮泥等材料制作了植物细胞模型，如图所示。

① 杨向东：《指向学科核心素养的考试命题》，《全球教育展望》2008 年第 10 期。

评价指标	优秀	良好	待改进
指标a	结构完整，无缺失，且能选择与其功能匹配的材料	结构不够完整，有1~2处缺失，且选择的材料与其功能匹配度一般	结构不完整，缺失3处及以上，且选择的材料与其功能不匹配
指标b	模型的设计与材料的选择，至少能够展示细胞中2个结构功能	模型的设计与材料的选择，展示细胞中1个结构的功能	模型的设计与材料的选择，未能展示细胞结构的功能
指标c	材料选择环保、易得，成本低	材料选择环保，但成本较高	材料选择不环保，成本也较高

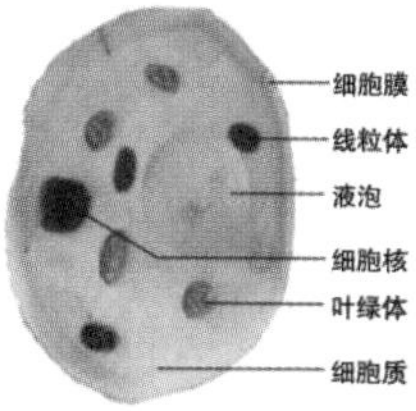

利用所学的知识，回答下列问题。

（1）分析模型对象：在上述细胞结构模型中，细胞的控制中心是________________。

（2）构思设计：根据评价指标a，该同学的作品被评定为“良好”。你认为该模型缺少的细胞结构是____，应选择什么材料制作该结构_____。

（3）制作模型：制作细胞膜时，如果教师只提供了透明塑料薄膜。你会怎样处理材料？简要说明理由。

（4）反思与优化：根据评价指标b，该同学的作品被评为“待改进”。有同学对该作品提出了改进方案，他指出“用刷有绿色颜料的太阳能板作为叶绿体，可以展示出叶绿体将光能转化为自身所需能量的功能”。我们可以根据这一观点，提出能够展示线粒体功能的模型设计思路。

（注：以上习题出自2021年12月山西晋中的期末考试试卷，李成广研发，王健教授优化，冀保萍老师改造使用）

2021年浙江省初中毕业生学业水平考试（嘉兴卷）的语文试题中，直接将项目式学习的活动方案作为考查试题，这既考查了学生对项目式学习的理解，也考查了学生对与主题相关知识的掌握程度和其基础素养的提升。

评价样题

例1：项目方案可以从驱动性问题与成果的一致性方面来评价，请你根据这个原则，判断评价方案中“个人成果”的制定是否合理。

例2：我们的项目活动到了呈现成果的时候，根据项目的方案，我们要完成“水——让生活更美好”成果集的制作，本集设“智者乐水”“源远流长”两个篇章。请你根据活动体验，任选一个篇章，按要求写一篇作文；或为本书写一篇“序言”。要求与组内其他成员共同完成这本书的制作，自拟标题，不少于600字，不得抄袭，不得套作。

序言：说明本书编写意图、内容重点及特色，提出阅读建议等。

“智者乐水”篇：结合自己的体验，或叙事或抒情，表达对水文化的理解。

“源远流长”篇：运用议论等表达方式，对水文化的保护和传承提出自己的观点，要求有理有据。

②评价学生的问题解决能力

按照认知心理学的说法，复杂问题也叫结构不良问题，如生活中的问题等，其突出特点是陌生的情境，问题不明确，甚至找不到问题所在，没有现成的解决方案，结果是开放的。解决真实世界的问题往往涉及多个学科的知识，需要多学科知识的整合。创造性解决问题是项目式学习的核心，也是项目式学习的主线，其中的驱动性问题就是结构不良问题。对于评价而言，应评价问题解决的过程（表 6–6）。在对学生进行评价时，还需根据“评价学生的问题解决能力表”设计评价量规（表 6–7）。

表 6–6　评价学生的问题解决能力表

问题解决过程	评价方式
分析问题	评价学生是否已了解与问题相关的所有信息，确定有哪些约束或限制条件
定义问题	评价学生是否能够找到并描述解决问题必须回答的核心问题和支持性问题链
生成策略	评价学生能否生成合理且具体的“可帮助找到可能解决方案”的策略
应用策略	评价学生采取的行动是否反映了其对解决问题过程的系统反思与准确评价
评价方案	评价学生是否能够在方案成功与失败之处给出合理的解释
改进方案	评价学生是否能根据评价结果对解决方案进行优化和改进

表 6-7　评价学生问题解决能力的评价量规

评价维度	优秀级	良好级	待改进级
分析问题	根据给定的信息，能够准确辨别与问题相关或与解决问题的过程相关的所有已知信息，并确定有哪些约束或限制条件	根据给定的信息，能够准确辨别与问题相关的部分已知信息，可能包含了与解决问题的过程无关的信息	无法辨别与问题相关的已知信息，分析中包含与解决问题无关的想法
定义问题	能够系统梳理与问题相关的核心要素，准确描述解决问题必须回答的核心问题，以及有用的支持性问题链	描述核心问题的方式只是直接简化，或缺乏对问题复杂性的理解，或对核心要素的梳理有缺失	明确一个问题，该问题不是解决问题的核心或无法描述问题的实质
生成策略	能够明确多种合理且具体的“可帮助找到可能解决方案”的策略，能够详细概述每一种策略执行的若干步骤及其优劣势，并从中选择最佳方案	能够明确一种合理且具体的“可帮助找到可能解决方案”的策略，执行步骤较为清晰	无法明确找到可能解决问题的方法
应用策略	使用确定的步骤和策略来解决问题，采取的行动反映了对解决问题过程的系统反思与准确评价，而且能清晰说明这种评价如何有助于解决问题	使用一些已经确定的步骤来解决问题，没有评价解决问题的过程	错过了解决问题的多个步骤，在开始时就卡住了
评价方案	能够对方案的应用情况进行准确评价，分析解决效果，并针对方案成功与失败之处给出合理的解释	能够针对方案成功与失败之处给出解释，但缺少与问题的关键联系	没有针对方案成功与失败之处给出解释
改进方案	能够根据评价结果，及时调整策略，优化和改进方案	能够根据评价结果对解决方案进行少量的优化	没有对解决方案进行优化和调整

下面以制作净水器为例，借助表 6-8 获取评价证据。

表 6-8　解决问题的证据模版

<table>
<tr><td colspan="6">动手前</td></tr>
<tr><td colspan="2">你知道了什么?</td><td colspan="2">你想要知道什么?</td><td colspan="2">关于如何解决这个问题，你有什么灵感?</td></tr>
<tr><td colspan="2"></td><td colspan="2"></td><td colspan="2"></td></tr>
<tr><td colspan="6">用自己的话解释一下，你要解决的问题究竟是什么?</td></tr>
<tr><td colspan="6"></td></tr>
<tr><td colspan="6">你会先尝试什么? 如果失败了，你会怎么做? 你的净水器怎么运作? 你可以用文字或图片来解释。还可以在图纸上做上标注，这样你的净水器就能清楚地按照指示搭建</td></tr>
<tr><td colspan="6"></td></tr>
<tr><td colspan="6">动手中（可以有若干份）</td></tr>
<tr><td colspan="3">你做了什么?</td><td colspan="3">画图（或拍照）并标记</td></tr>
<tr><td colspan="3"></td><td colspan="3"></td></tr>
<tr><td colspan="3">这个方案是否有用?</td><td colspan="3">画图（或拍照）并标记</td></tr>
<tr><td colspan="3"></td><td colspan="3"></td></tr>
<tr><td colspan="3">接下来你会进行哪些尝试?</td><td colspan="3">画图（或拍照）并标记</td></tr>
<tr><td colspan="3"></td><td colspan="3"></td></tr>
<tr><td colspan="6">动手后</td></tr>
<tr><td colspan="6">评价自己的方案：你的净水器成功实现净水了吗?</td></tr>
<tr><td colspan="6"></td></tr>
<tr><td colspan="6">你的设计是如何解决问题的?</td></tr>
<tr><td colspan="6"></td></tr>
<tr><td colspan="6">还有什么地方可以改进?</td></tr>
<tr><td colspan="6"></td></tr>
<tr><td colspan="6">如果重来，你的做法会有何不同?</td></tr>
<tr><td colspan="6"></td></tr>
</table>

③评价学生的创新素养

项目式学习对培养创新素养具有最直接的影响。国际学术界对创新素养的评价更倾向于从更广义和综合的视角将创新素养同合作沟通、批判性思维、问题解决等相结合进行评价。评价时，将学生在创新素养的每一个维度的预期表现都细化为具体的评价指标。在此基础上，一方面，创新素养凝练在学生的学习成果之上，可利用量规评价作品的科学性、实用性、艺术性和创新性。另一方面，修订问卷（如心理与个性问卷等）或访谈工具，通过自评、互评、师评，形成创新素养雷达图。还可以综合利用学科能力测验、行为观察等方式考查学生的创新素养。鉴于此，我们参考北京师范大学中国教育创新研究院刘坚团队所研发的5C核心素养[①]（图6–5），研发了跨学科项目式学习学生创新素养评价方案表（表6–8）和学生创新素养评价量规（表6–9）。

图6–5 5C核心素养模型图

表6–9 学生创新素养评价方案表

维度	定义	评价工具	评价类型
创新人格	创造力的非智力因素，是人格（个性特征）在创造性活动中的表现，对创新主体进行创新活动具有重要的驱动和调控作用	创造性感知量表；创造性人格量表	行为检查表；自我评价；日常记录
创新思维	创新思维不仅是多种思维特别是发散思维、辐合思维和重组思维高度结合的结果，还是创新实践的心智基础和能力基础，可以提高人的认识能力，开辟实践活动的新领域	创造力测试；创造性思维的耐受性测试；创造力氛围问卷	日常行为检查表；自我评价；日常记录；表现性任务；自我感知问卷记录

① 刘坚等：《5C核心素养：教育创新指南针》，教育科学出版社2021年版，第42页。

续表

维度	定义	评价工具	评价类型
创新实践	个体参与并投入旨在产生新颖且有价值的成果的实践	创意产品评价量规	自我评价；同伴评价

表 6-10　学生创新素养的评价量规

维度		高手	熟悉	新手
创意生成	定义问题	能独立解释问题的重要性，明确问题的限制条件	以小组为单位，辨别需要解决的问题	在熟悉的情境中辨别问题
	创意构思	使用提供的策略，产生与问题相关的多种新想法	通过“头脑风暴”，产生少量的想法	在老师的支持下产生想法
构思设计和迭代	细化	独立优化解决问题所必需的细节	提出细节，并无解决的方法和策略	解决方案粗糙，细节考虑不全
	迭代	创建和验证产品，根据反馈迭代	物化成果，没有迭代	在他人的支持下物化成果
物化成果	使用资源	有效地整合资源以物化成果或解决问题	选择与任务相关的资源	仅使用所提供的资源
	计划	独立制定清晰、具体、可操作性强的计划	以小组为单位制定计划	在老师的支持下，制定计划
	产品	按计划独立完成，满足所有需求	以小组为单位完成产品	在老师的支持下完成产品
自我调节与反思	反思	准确地反思工作质量，审辨地看待创造过程	辨别在产品制作过程中的优势与不足	在老师的支持下反思
	成长型思维	积极改进不足，采用有效的策略提高成长型思维	展现出改进的愿望，缺乏改进策略	改进意愿不强烈，无改进策略

评价学生的创新素养是关键难点，经查阅中外文献资料，我们累计研发出 17 个评价学生创新素养的工具等。比如，为调研学生的创新素养，我们研制了如下问卷，并发放给学生进行调研。

初一年级学生的创新素养调查问卷

各位同学好，非常感谢大家参与此次问卷调查，请大家按照自己的真实感受，回答下列问题。

1. 在学校里，我喜欢试着对事情或问题作出猜想，即使不一定能猜对。
2. 我喜欢仔细观察我没有见过的东西，以了解详细的情形。
3. 画图时我喜欢临摹别人的作品。
4. 我喜欢利用旧报纸、旧日历及旧纸箱等废物来做成各种好玩的东西。
5. 我喜欢幻想一些我想知道或想做的事。
6. 如果事情不能一次完成，我会继续尝试，直到完成为止。
7. 做功课时我喜欢参考各种不同的资料，以便得到多方面的了解。
8. 我喜欢用相同的方法做事情，不喜欢去找其他新的方法。
9. 我喜欢探究事情的真相。
10. 我喜欢做许多新鲜的事。
11. 我不喜欢交新朋友。
12. 我经常想一些不会在我身上发生的事。
13. 我认为所有问题都有固定答案。
14. 我喜欢与众不同的事情。
15. 我经常想知道别人正在想什么。
16. 我喜欢和朋友在一起，和他们分享我的想法。
17. 一本故事书的最后一页被撕掉，我就自己编造一个故事，把结果补上去。
18. 尝试新的游戏和活动，是一件有趣的事。
19. 长大后，我想做一些别人从没想过的事。

20. 我不喜欢受太多规则限制。

21. 我喜欢解决问题，即使没有正确答案。

22. 有许多事情我都很想亲自去尝试。

23. 我不喜欢在班上同学面前发表意见。

24. 我经常幻想200年前人类生活的情形。

25. 我经常想自己编一首新歌。

26. 我喜欢翻箱倒柜，看看有些什么东西在里面。

27. 画图时，我很喜欢改变各种东西的颜色和形状。

28. 我不敢确定我对事情的看法都是对的。

29. 对于一件未知的事情先猜猜看，然后再看是不是猜对了，这种方法很有趣。

30. 玩猜谜之类的游戏很有趣，因为我想知道结果如何。

31. 我对机器感兴趣，也想知道它的里面是什么样子，以及它是怎样转动的。

32. 我喜欢可以拆开来玩的玩具。

33. 我喜欢想一些新点子，即使用不着也无所谓。

34. 为将来可能发生的问题找答案，是一件令人兴奋的事。

35. 我喜欢尝试新的事情，目的只是为了想知道会有什么结果。

36. 玩游戏时，我通常是有兴趣参加，而不在乎输赢。

37. 当我看到一张陌生人的照片时，我喜欢去猜测他是怎样的一个人。

38. 我喜欢翻阅书籍，但只想大致了解一下。

39. 我不喜欢探寻事情发生的各种原因。

40. 我喜欢问一些别人没有想到的问题。

41. 无论在家里还是在学校，我总是喜欢做许多有趣的事。

3. 主体三：学生如何对课程进行评价?

项目式学习以学生活动为中心，学生是项目课程最直接的“客户”，也是课程设计与课程实施最主要的参与者、最直接的感受者和最大的受益者。

在课程建设、实施的过程中，通过学生问卷或调查表的形式调查项目的设计、实施与评价是否契合学生的认识发展规律，收集信息，倾听学生的声音。调查表参考如下。

×××项目实施效果调查表（以化学学科为例）

各位同学好，非常感谢大家参与此次问卷调查，请大家按照自己的真实感受，回答下列问题。

1. 我主动学习、自主学习，积极参与合作交流、设计制作、问题解决、作品展示等活动。

A. 非常不同意　B. 不同意　C. 一般　D. 同意　E. 非常同意

2. 我觉得该项目非常有趣，有获得感。

A. 非常不同意　B. 不同意　C. 一般　D. 同意　E. 非常同意

3. 我觉得完成该项目非常有意义。

A. 非常不同意　B. 不同意　C. 一般　D. 同意　E. 非常同意

4. 我认为完成项目的过程规划很合理。

A. 非常不同意　B. 不同意　C. 一般　D. 同意　E. 非常同意

5. 在完成项目的过程中，我充分掌握了相关化学知识。

A. 非常不同意　B. 不同意　C. 一般　D. 同意　E. 非常同意

6. 在完成项目的过程中，我们小组成员之间互相协作，共同克服困难。

A. 非常不同意　B. 不同意　C. 一般　D. 同意　E. 非常同意

7. 在完成项目的过程中，我经历了产品迭代的过程，并能说出优化的原因。

A. 非常不同意　B. 不同意　C. 一般　D. 同意　E. 非常同意

8. 我认为项目的评价标准非常合理清晰。

A. 非常不同意　B. 不同意　C. 一般　D. 同意　E. 非常同意

9. 我认为项目的评价标准有助于我高品质的物化成果。

A. 非常不同意　B. 不同意　C. 一般　D. 同意　E. 非常同意

10. 在完成该项目的过程中，除了应用化学知识，我还应用哪些方面的知识？

□技术　　□物理　　□艺术　　□工程学

11. 教师给我的指导与帮助很及时，也很有效。

A. 非常不同意　B. 不同意　C. 一般　D. 同意　E. 非常同意

12. 在完成该项目的过程中，我还发展了哪些方面的能力？

□创新能力　□分析论证　□反思评价

□质疑批评　□有效表达　□沟通合作

13. 学校外部人士参与课程实施。

A. 非常不同意　B. 不同意　C. 一般　D. 同意　E. 非常同意

14. 教师对有特殊需求的学生进行特别关照。

A. 非常不同意　B. 不同意　C. 一般　D. 同意　E. 非常同意

15. 关于本项目，请谈谈你的收获或感受。______________________

16. 关于本项目，你有哪些建议。______________________

注：以上问卷由张泽仙提供。

我们在实施项目时，均进行了问卷调查，调查结果显示学生普遍认可项目课程，但认为产品制作环节略有不足，存在教师没有给予充分的条件辅助或指导的情况。我们针对学生提出的问题或建议进行教学改进。

评价小贴士：

增值评价

学生发展评价的一把新标尺，指向学生的进步，能有效支撑综合评价、过程性评价、形成性评价和终结性评价的改进。课程方案将增值评价作为评价方式方法创新的一个重要方向，与“基于证据评价”“协调式评价”“表现性评价”等并列。增值评价的核心是关注进步，增值评价的指向是促进成长。增值评价的数据还可以运用于教师的教学改进。

在一个项目单元结束后，教师组织实验教师、学生、家长、社区参与人员和相关专家等，采用“综合评价”的方法，系统评价项目式学习课程的设计、实施，如表 6-11 所示。对教师来说，评价数据的运用，横向上，与其他学科比较，进行协同育人；纵向上，与下一个项目结束后的评价数据进行比较，进行课程设计与实施的改进与迭代。我们可以利用大数据，为学生制作雷达图，对学生进行增值评价。

表 6-11 项目式学习课程设计综合评价表

一级指标	二级指标	评价				
		符合	多数符合	不太符合	不符合	平均值
学生学习成效	课程实施之后，能达到课程的预期目标					
	学生在认知、情意及技能方面发生变化					
	学生学习意愿与态度提升					
	学生合作学习的习惯养成					
	学生跨学科知识学习和综合应用的能力得到提升					
	学生对技术的掌握和工具的使用熟练、规范					
	学生的研究能力和问题解决能力得到提升					
	学生的设计与制作过程强调规范操作与技术创新相统一					
	学生作品符合工程学原理，有一定的原创性，解决问题效果明显					
教师专业发展	激发了教师再学习及专业发展的愿望					
	增进了教师课程建设的自信心和课程意识					
	提升了教师自我评价与反思能力					
	发展了教师的设计思维、工程思维、技术素养					

续表

一级指标	二级指标	评价				
		符合	多数符合	不太符合	不符合	平均值
学校特色发展	反映了学校的办学理念及文化精神					
	体现了学校的培养目标和办学特色					
	充分利用了课程资源					
	关注了学生的个性发展需求					
	促进了教与学方式的转变					
	助力学校成为创新特色学校					
满意度	学生对课程的满意度高					
	教师对课程的满意度高					
	家长对课程的满意度高					
	教师对学校支持的满意度高					
负担状况	课程给教师的负担适中					
	课程给学生的负担适中					
	课程给家长的负担适中					
	课程给学校的负担适中					

章“彩蛋”

课程评价中对课程的管理和领导的评价表①

课程评价不仅包括对课程设计、实施、教师和学生的评价，还包括对学校课程建设能力、管理能力和实施能力等的评价。后者主要是对学校管理者对课程的领导力和执行力进行评价，促进其不断调整和优化课程体系。对于项目式学习来说，其课程体系包括基础项目课程、拓展项目课程和研究项目课程，学校对以上课程的管理和领导至关重要，不可或缺。表 6-12 为提升学校课程领导力的指南。

表 6-12　对课程的管理和领导评价表

一级指标	二级指标	评价内容	评价				
			符合	多数符合	不太符合	不符合	平均值
规划引领	制定课程规划	明确学校办学理念和课程愿景，全力打造项目课程体系，提升课程管理者的领导力					
	构建评价系统	能组织专家、教师、学生、家长形成全方位的监控与评价体系，甚至引入第三方评价					
	课程资源整合	根据学生的发展需求整合校内和校外资源，改善课程实施的内外环境，建立多维度的支持系统					

① 陈瑾：《聚焦学习的课程评估：L-ADDER 课程评估工具与应用》，华东师范大学出版社 2019 年版，第 41 页。

续表

一级指标	二级指标	评价内容	评价				
			符合	多数符合	不太符合	不符合	平均值
组织管理	构建组织网络	形成一个完善而高效的课程管理组织，及时而有效地协调各部门、各方面的工作					
	落实管理制度	形成一套健全、科学、高效的课程管理制度，全方位保障课程的设计、实施与评价					
团队整合	课程开发审核	对各个学科、各位教师研发的项目课程进行审核，并提出关键性改进建议					
	优化课程实施	通过多种机制发现问题、及时反馈，有效监控课程实施的过程，进行由教走向学的变革					
	学生多元评价	制定各学科的课程评价体系和学校的综合评价体系，通过多元化的评价向学生提供更适切的指导，以期促进学生的成长					
文化建构	师资培训	校本化培训关注课程的领导力、执行力，注重提高课程的研究力					
	建立激励机制	创建评价激励机制，建立集态度、能力、合作、创新、成效于一体的评价体系，鼓励教师积极参与课程建设					
总结推广	信息收集汇总	通过收集课程的设计、实施与评价等方面的信息，形成学校课程建设反馈清单，并及时作出调整与改进					
	经验成果推广	梳理学校、各学科及个人的课程改革经验及成果，引领区域发展，并向国内外推介					

后 记

当今世界正处在科技高速变革的时代，项目式学习不仅有助于培养学生的社会情感能力、问题解决能力、批判性思维和创造力，还能培养学生的自主学习能力，激发学生的内动力，在培育学生的创新素养方面有着得天独厚的优势，它还能让学习变得更鲜活、更生动。因此，项目式学习正成为一种备受国际课改人员关注的教与学的方式，在全球日趋流行。

在课堂上开展项目式学习，教师要面对重重挑战。本书系统梳理了课堂上项目式学习的设计、实施与评价，并通过经典案例为教师在课堂上开展项目式学习提供参考。全书分为四部分，首先是“前言”，从“开展项目式学习的主要误区”到“在课堂上开展项目式学习的应然分析”，再到“在课堂上开展项目式学习的挑战”，对项目式学习进行总体概述；其次是项目式学习的逆向设计，系统介绍了在高阶认知上逆向设计项目的七步法，并对其进行剖析；最后是项目式学习的实施，包括三种课型和项目管理等。本书将部分项目课程评价内容整合到项目管理的评价中，这样的框架更有整体性，更能体现评价在项目式学习中的一以贯之的作用。

本书仅目录就迭代了 8 次，既考虑到项目式学习教育理念的“渗透”，也结合了一线教师在课堂上开展项目式学习的实际困难，还嵌套了很多切实可行的方法、策略、工具和鲜活的案例。不仅告诉读者“是什么”，还要告诉读者“为什么”和“怎么做”，为在本土化课堂上常态化开展项目式学习提供了资源支持。可以说，本书是一本在课堂上开展高质量项目式学习的实用攻略，不仅做到了深入浅出，还做到了浅入深出，实操性较强。

在本书撰写的过程中，北京市十一学校石景山实验中学的第三空间的老师们做了大量的探索与实践。感谢物理学科的梁雪薇、语文学科的唐甜、技术学科的冯书伟和张少焕、英语学科的宋佳佳、化学学科的张泽仙等为本书提供的教学案例或学科资源。还要感谢与我协同攻坚的实践联盟学校，如上海市市八初级中学、北京市海淀区红英小学和幼儿园等，还有项目式学习实验区，如山西的晋中、山东的枣庄、北京的门头沟等地区的生物学科等实验区，尤其是北京教育学院石景山分院的李爱霞主任全域、全学科、全学段推进项目式学习走向常态。因此，本书是众多项目式学习教育实践者集体智慧的结晶，在此谨致感谢！

这本书是理论与实践碰撞的结果，感谢在项目式学习领域勇敢前行的王磊教授、魏锐教授、王健教授、王春易老师等专家，他们的研究成果给予了我很大的启发。

同时，本书的出版还得到了北京师范大学的褚宏启教授、北京教育科学研究院的乔文军和李群主任，还有学校的高仁辉校长等的指导，他们对本书的编写和成果的推广等提出了许多宝贵的意见和建设性的建议。在此诚挚感谢！

本书的出版还离不开孙艳凤、孙婷婷、蒋瑞瑛等编辑对文字的细致修改！对你们的中肯建议，在此一并表示感谢！

李成广

2025 年 1 月